U0037396

未來學家眼中的變化、挑戰和機遇

後疫情時代的未來

Jason Schenker
傑森‧申克——著

李永學 等——譯

THE FUTURE AFTER

COVID

Futurist Expectations for Changes, Challenges,
and Opportunities After the COVID-19 Pandemic

笛藤出版

前言

新冠肺炎席捲全球，給商業、經濟和社會帶來了前所未有的衝擊，接下來還會發生什麼事呢？

在《後疫情時代的未來：未來學家眼中的變化、挑戰和機遇》一書中，我將以未來學家的身分提出見解。

本書主要探討新冠肺炎疫情將會帶給許多關鍵領域最重要的、潛在的、長期的變化、挑戰和機遇，包括未來的工作、教育、醫療保健、供應鏈等等。

新冠肺炎疫情帶來的影響會長達數年甚至數十年，不分好壞。它會影響我們的工作方式、生活方式以及各行各業的未來發展。

本書借鑑來自未來主義研究所認證的未來學家項目中的研究、課程和培訓材料。

書中的一些主題和內容來自我其他探討未來的書籍。

本書試圖結合新冠肺炎疫情帶來的迅速變化形勢，與長期預期和戰略。當然，由於這本書創作時間很短，而一些現實情況、潛在的未來影響和話題相關性也可能迅速發生變化，這使得寫這樣一本書有點冒險。

但我相信這是值得的！

我們需要一個關於未來的框架，並在此基礎上來考慮新冠肺炎疫情全球爆發、疾病傳播、醫療保健挑戰、經濟不利因素、人們對工作的適應過程帶來的潛在長期影響，對消費習慣的潛在影響以及造成的其他浮動變化。

創作本書時，我試圖找出並寫下那些在新冠肺炎疫情影響下最有可能持續和變化的趨勢，及最有可能加快發展和消逝的趨勢，同時也探討了一些不確定是否會發生的趨勢。

　　此外，沒有哪本書可以只靠一個人的力量就完成。要完成這樣一本書，還需要編輯和一些負責文件轉換、設計和項目管理的工作人員的付出，這是一個團隊合作。

　　這本書之所以完成，要感謝未來主義研究所和聲望專業出版社（Prestige Professional Publishing）的工作人員。我尤其想要感謝納烏法勒・帕特爾（Nawfal Patel），他負責整本書的製作流程。

　　我也想要感謝凱莉・埃利斯（Kerry Ellis）為原版封面所做的出色工作。對於這個封面，我想要一種能讓人聯想到醫界的阿特拉斯[1]支撐著世界的印象，想要藉由封面傳達出全球性新冠肺炎疫情的嚴重性，以及這個疾病對世界造成的廣泛性悲劇和負擔，尤其對醫療和保健工作人員來說。我知道，聽起來我對凱莉要求很多，這也是事實。但是，她做到了，我很感激，謝謝，凱莉！

　　最重要的是，我要感謝家人在教育、事業和寫作方面給予我的支援。我一直都很感激親愛的妻子艾許莉・申克（Ashley Schenker），和優秀的母親珍妮特・申克（Janet Schenker）、父親傑佛瑞・申克（Jeffrey Schenker），他們給予我情感支援，並且提供編輯回饋。我的家人以無數種方式支持我，每寫一本書，都是一次瘋狂的經歷，它會影響我的家庭生活。所以，對於家人和在這個過程中幫助過我的每一個人，我要說聲：謝謝！

　　最後，也謝謝你買了這本書，我希望它可以幫助你在充滿未知的時代裡，找到更明確的方向！

傑森・申克

2020 年 4 月

3

目 錄

MEMO

01

後疫情時代的未來

為即將到來的危機做好應對與準備

過去兩個月 [1] 發生的事情給人的感覺很像 2001 年 9 月 11 日後的那段時間，大家都嚇壞了，越來越害怕旅行或是外出。

人心惶惶，沒有人知道會有怎樣的明天！

但是，和當時相比，現在有一些關鍵和重要的正向性差異。

如今，儘管有些混亂，但經濟不會全面崩潰（至少部分經濟）。電子商務讓人們可以繼續購物、消費，這一點至關重要，因為美國經濟有 70% 以上是由購買行為所驅動的。

許多非必要的、非遠端的服務性工作「岌岌可危」—— 甚至很有可能會消失。相對應的是，將會增加更多遠端和供應鏈方面的工作。這個變化已經開始一段時間了，只是，後者的就業機會將會持續增加。

另外一個正向的差異是，由於技術的進步和創新，人們可以從事遠端工作。

當我談到未來的工作時，我經常告訴客戶和觀眾，我期待幾十年後的某一天，若是有個小孩問我以前的人怎麼工作和生活時，我會向他描述通勤上班和辦公室。我期待那個孩子會不相信地嘲笑我：「怎麼可能，我才不信呢。」

出於對新冠肺炎疫情的擔憂，我很感激電子商務和遠端辦公變得可能。

我也希望，人們現在更願意接受以線上學習找到自身價值，並改變他們的命運。

本書給了我一個機會，可以分享我對各行業、經濟和社會的短期及長期期望。

[1] 作者寫作本書時應該是 2020 年 4 月，所以這裡的「過去兩個月」指的是 2020 年 2 月和 3 月。—— 譯者註

我希望本書能帶給你的重要啟示是，儘管新冠肺炎疫情帶來了重大損失，造成了經濟困難，但即使在這最具挑戰性的時代，機遇仍然可能存在，它讓人們開始探索長遠的改善公共衛生、教育和經濟成果的方法。

就讓我們從全球性的新冠肺炎疫情中汲取一些經驗，這樣我們將來管理此類風險時，才有可能拿出更好的準備和應對。

新冠肺炎疫情之後即是未來。

未來需要未來學家

在幫助人們思考未來方面，未來學家越來越重要。

當然，我們各以不同方式來定義未來學家。而且，還會有各種各樣的人認為他們自己就是未來學家，主要可分為以下幾個陣營：

第一，有些未來學家屬於學術型專家。他們通常在大學校園外活動，編寫學術文獻，關注的是框架而非具體的問題和行業。

第二，有些自稱是未來學家的人其實是對未來的狂熱粉絲。他們當中的一些人持有堅定的樂觀態度，甚至有些人相信未來一定會更好。

第三，有些未來學家屬於應用型學者，我就是這類別。未來主義研究所培訓的就是應用型未來學家。

那些從事未來主義相關工作的分析師、諮詢師和戰略家都是應用型未來學家。我們試圖創立未來主義理論，並將理論應用於實踐，去思考未來可能會出現的情況。

像我這樣的未來學家思考的是，什麼是推動未來最重要的槓桿、驅動力和變革？我們關注重大風險和機遇，並且考察可能不會發生變化的趨勢和隱含的基本原則。關注推動變革的力量以及不太可能

發生變化的大主題和大趨勢，有助於引導或促進關於未來所有可能的建設性討論。

但是，未來充滿不確定。我們需要思考，對未來的期望如何與人類本性、科技發展和歷史趨勢相匹配。

也要去思考，如何為未來十年可能廣泛採用的技術，以及在這段時間範圍後可能更為重要的技術，制訂討論框架。

未來主義研究所的研究團隊和我參考了「幾近現在」/「也許某天」這種時間二分法，以找出短期內的關鍵，和識別出對未來來說可能更重要的關鍵。

舉例來說，我們可以在「幾近現在」，即差不多這十年的前四年中，看到許多人已經採用遠端辦公的方式工作；但我們還是認為，「也許某天」，人們甚至可以在地球外遠端辦工。

事實上，限定「也許某天」的討論事項數量，對於獲得企業和政府機構的支援來說相當重要。

圍繞趨勢和技術進行長期分析和戰略規畫將變得更加重要。因此，未來學家將成為一個日益重要的職業。

+

02

未來的工作

遠端辦公時代已經來臨

人們開啟遠端辦公已經有一段時間了。

差不多在 13 年前，也就是 2007 年，我開始在麥肯錫做諮詢工作，當時許多諮詢公司，包括我所在的麥肯錫都已經允許員工在家辦公了，而且也已經開始使用彈性空間和共享辦公室[1]了。

但是，也有許多公司反對遠端辦公。

事實上，當我在 2009 年創辦威望經濟公司（Prestige Economics）時，就是把它當成一家遠端辦公公司來設計的，我們一直沒有辦公室，而且從來就不打算規畫辦公室。

隨著新冠肺炎疫情的蔓延，這個決定讓我深深體會到「我不是比較優秀，只是比較幸運」的說法。儘管疫情蔓延的風險一直存在，但我們在一場如此大規模的疫情中活了下來，對許多人來說就是一個驚喜。

我們現在正處於一個轉振點。讓更多員工遠端辦公已蓄勢多年。現在，許多曾反對轉變的公司終究不得不適應遠端辦公。

展望未來，許多公司似乎不可能再回到之前的樣子。

當然了，一些公司也絕不會想要回到過去。它們會繼續支持遠端辦公，因為這樣既減少了公司的開銷，也提高了員工的滿意度和工作的靈活性。

有的公司可能希望扭轉這一趨勢。但是現在，大家都在遠端辦公，而且大多數人都非常有效率。那些希望扭轉這一趨勢並結束遠端辦公的公司很可能會發現，要讓員工回到辦公室全職工作是一件很困難的事。

[1] 共享辦公室：又譯作「共同工作空間」，意指供從事不同職業或受雇於不同機構的人共同辦公的場所。

三類工作

除了遠端辦公這一變化外，人們對三類工作也有了新的認識，這三類工作對應三類員工：

——核心型員工
——知識型員工
——其他員工

首先，核心型員工從事著一些必須親自現身的工作，主要存在於醫藥衛生行業、公用事業、製造業、農業、供應鏈行業和其他核心產業中。他們推動著經濟的發展，維持著整個社會的穩定。

第二類員工是知識型員工。他們的工作可以遠端完成。各行各業中都包含這類工作，如科技、金融和其他許多領域的各項工作。除了專業領域可以遠端辦公之外，核心產業的一些辦公室人員和行政人員也可以遠端工作。

最後，還有第三類員工。

基本上，第三類員工就是其他所有員工。不幸的是，有許多人都是這類員工，他們從事無法遠端辦公，而且通常是非核心產業的工作。這類工作大多以服務為基礎，包括餐館、酒吧、電影院、賭場、美髮和美甲沙龍等工作。總結來說，有很多工作屬於非核心、不可遠端操作的工作。

2001 年，在經濟衰退時期，我曾經去當服務生。這份工作只需要培訓一下子，如果夠努力，還可以有不錯的收入來維持生計。但現在，新冠肺炎疫情蔓延全球時，做服務生不是一個好選擇。

我在想，如果我是一名即將畢業的學生，或者剛剛走出校門的畢業生，在新冠肺炎疫情導致工作機會減少的情況下，剛進入就業市場的我，只有相對有限的人脈、工作經驗和專業技能，還能做什麼？

也許我會在因斯塔卡特（Instacart）[1]和 Uber Eats 工作。

醫務職位

經歷了全球性的新冠肺炎疫情後，似乎會有更多人考慮進入醫藥衛生領域。我認為這有以下幾個原因。對某些人來說，不會只有單一因素。

首先，我認為，大學生會越來越傾向於進入醫藥衛生行業並為此做職業準備。新冠肺炎疫情引發經濟衰退，對就業市場產生了負面衝擊，當看到同齡人的經歷，一些大學生可能會考慮改變主修。隨著職業選擇範圍的減少，為了不受經濟衰退的影響，一些學生可能會選擇投身醫藥衛生行業。畢竟，醫藥衛生行業就是出了名的不會受經濟衰退影響的行業。

事實上，我曾在好幾本書中探討過醫藥衛生行業不受經濟衰退影響的特徵，其中包括《讓機器人無法代替自己》（Robot-Proof Yourself）、《機器人的工作》（Jobs for Robots）和《抗經濟衰退》（Recession-Proof）。

其次，我認為，為了讓工作更具長期穩定性，那些失業或是面臨失業風險、尋求再培訓和處於職業生涯中期的專業人員，會對醫藥衛生行業的職位越來越感興趣。

[1]因斯塔卡特（Instacart）：是一家線上百貨快遞服務公司。

　　醫藥衛生從業人員的缺口很大，美國勞工統計局（Bureau of Labor Statistics）長期以來都將這個行業視為未來十年工作崗位的關鍵增長領域。人口老齡化、平均壽命延長和國家財富增加都會造成未來對醫療保健的更多需求。

　　再次，我認為，我們會看到還未開始讀中學的學生，在提到未來職業時有選擇醫藥衛生行業的傾向。他們有些人會把選擇這類職業，看作是一種對抗全球疫情和為改善公共衛生而貢獻的方式。

　　就像一些人在 2001 年 9 月 11 日恐怖攻擊後選擇入伍一樣，我們可能會看到人們把選擇投身醫藥衛生行業當成是一種使命，一種愛國的義務。

　　總而言之，選擇進入醫藥衛生行業的原因多種多樣，比如為了在短期內增加就業機會，為了讓工作具有更長遠的發展前景，或者為了回應一種使命感。

　　但是，不管選擇投身醫藥衛生行業的背後原因是什麼，不可否認的是，在一個經濟充滿不確定性、金融市場波動不斷、疫情風險無處不在和自動化不斷推進的世界中，醫藥衛生行業及其相關職業是最有可能「長青」的。

　　這也不是一個建立在可支配收入基礎上的領域。畢竟，如果你需要治療，你就得治療。它不像旅遊業，可以引起 GDP（國內生產毛額）和股票市場的劇烈波動。無論經濟狀況如何，人們會一直需要醫療保健服務。

　　在未來很長一段時間內，醫藥衛生行業的工作可能會繼續保持穩定。美國由於高齡化的人口結構，一線醫護人員的需求擴大，包括個人護理助理、註冊護士和家庭健康助手。在《機器人的工作》一書中，我介紹了有關醫藥衛生行業就業增長的積極前景。在下面

的表 2-1 中，你可以看到美國經濟中各職業當前的就業增長預期，醫藥衛生行業顯然是贏家。

此外，當我們考慮自動化的潛力時，有一點需要注意，那就是並非所有工作都能實現自動化。

醫藥衛生行業，尤其是那些需要與人密切接觸的職業，在這場變革中似乎適應性更強，即使是在更為廣泛的經濟領域出現了更高程度自動化的情況下也是如此。

[表2-1] 預期增長量的工作崗位及其增長量（2018—2028）

職業	新增崗位的數量（預期）
個人護理助理	881000
食品加工/服務人員	640100
註冊護士	371500
家庭健康助手	304800
餐廳廚師	299000
軟體發展工程師	241500
服務生	170200
總經理和營運經理	165000
警衛和清潔工	159800
醫務助理	154900

來源：美國勞工統計局，檢索於2020年4月2日https://www.bls.gov/ooh/most-new-jobs.htm.

[表2-2] 預期成長速度最快的工作崗位（2018—2028）

職業	增長率
太陽能安裝員	63%
風力發電機組的服務技術	57%
家庭健康助手	37%
個人護理助理	36%
職業治療助理	33%
資訊安全分析師	32%
醫師助理	31%
統計師	31%
執業護士	28%

來源：美國勞工統計局，檢索於2020年4月2日https://www.bls.gov/ooh/fastest-growing.htm.

　　當我們從長遠的角度來考慮工作時，這一點不容忽視。畢竟，在未來，由於自動化，許多工作將不復存在。為此，美國勞工統計局做了一項關於就業崗位增減的預測，如表 2-2 所示。

　　從這份增長潛力排名的職業類別統計表中，我們再次看到醫藥衛生行業是最大的贏家。醫藥衛生行業的工作也不容易自動化，這是現實的需求而不是主觀意願，而且人口統計資料也顯示出醫藥衛生行業工作的重要性。這就是關鍵領域。因此這裡，我不再贅述醫藥衛生行業的重要性。

唯一不變的是變化

　　美國的勞動力市場一直在發生變化。在圖 2-1 中你可以看到這些變化——19 世紀中期，大部分勞動力從事農業；而現今，從事農業方面工作的人只占不到 1% 的美國勞動力。

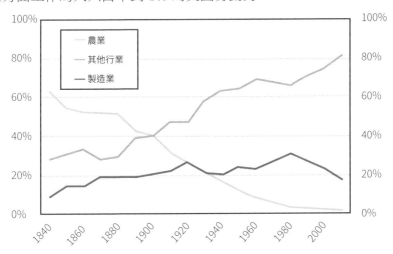

[圖2-1] 美國勞動力市場1840年至2010年間的勞動力分配

來源：美國國家經濟研究局 (NBER)，聯準會經濟資料庫 (FRED)，世界銀行 (World Bank)，
威望經濟公司 (Prestige Economics)，檢索於2017年2月17日：
http://www.nber.org/chapters/c1567.pdf
https://fraser.stlouisfed.org/files/docs/publications/frbslreview/rev_stls_198706.pdf
http://databank.worldbank.org/data/reports.aspx?source=world-development-indicators#

　　此外，美國的勞動力市場也發生了其他的大變化。製造業的發展在 1970 年代達到頂峰，隨後開始下滑；而一些領域，如供應鏈，在幾年前還無人關注，現在卻出現了爆發式增長。在圖 2-2 中，你可以看到供應鏈領域的工作崗位在過去 20 年的增長情況。事實上，這個領域的人工需求幾乎和自動化領域的人工需求一樣大。

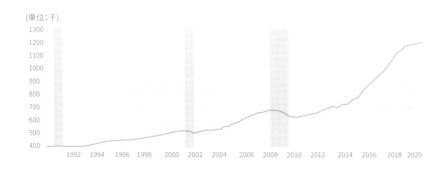

（單位：千）

[圖2-2] 供應鏈領域工作崗位增長情況

來源：U.S. Bureau of Labor Statistics. All Employees, Warehousing and Storage.[DB/OL].FRED, Federal Reserve Bank of St. Louis.[2020-4-1].https://fred.stlouisfed.org/series/CES4349300001.

　　畢竟，從人們對全球性新冠肺炎疫情的應對來看，我們對自動化技術，對人工智慧技術和機器人的需求越來越大 —— 尤其是在供應鏈領域。由於供應鏈領域的技術是可以滿足消費者需求的經濟生命線，人們十分看重它，並將其作用發揮到了極致，儘管目前只有很少的資源可供廣泛分配。

　　全球性的新冠肺炎疫情迫使我們跨進電子商務的關鍵性門檻，如今，電子商務不再只是一種便利，而且是一種純粹的需求；在將來，情況會更明顯。自動化很關鍵，因為僅僅靠「人」是無法滿足供應鏈發展需求的；不過，展望未來，我預計接下來的十年仍會有

更多人在供應鏈領域工作。

知識型員工和遠端辦公

　　除了醫藥衛生行業和供應鏈領域比較熱門之外，也有很多人青睞與高科技相關的工作 —— 即可以遠端辦公的工作，許多人已經從事這類工作有一段時間了。現在，新冠肺炎疫情再次揭露了一個重要的、公開的祕密：能夠利用技術遠端辦公、成為知識型員工能保住工作的原因 —— 即使是在不太安穩的時代。

　　遠端辦公的附加值顯而易見。對於員工來說，遠端辦公節省了通勤時間和其他成本。同時，對於雇主來說，也能減少對商業辦公空間、停車位和辦公用品等需求，從而節約成本。當人們遠端辦公時，可靠性也可以提高，儘管隨著企業攻擊面和知識基礎設施更加分散，會增加額外的網路安全風險。

　　我在 2009 年創辦的威望經濟公司的工作人員都是遠端辦公的。我們沒有辦公室，因為我們不需要。我只關心員工完整地、正確地、準時地完成他們的任務。

　　如果我們關注未來的專業性工作，你會發現它們大多可採用遠端辦公方式。醫藥衛生行業、製造業、供應鏈領域和貿易領域的大部分崗位仍然需要人們現場工作，但商業類和專業性的工作都可以透過網路運作。遠端辦公模式已經醞釀一段時間了。

　　而且，在新冠肺炎疫情結束後的很長一段時間內，會有越來越多人偏愛醫藥衛生行業、供應鏈領域的崗位，以及遠端辦公模式，這種情況很可能會一直持續下去。

MEMO

03

未來的教育

線上教育的三大趨勢

　　未來的教育屬於線上教育。

　　這是我過去的預測，而從專業角度來說，我到現在都認為這項預期正確。

　　在我 2017 年所寫的《機器人的工作》一書中，我探討線上教育如何把握機會大幅度改善社會；以及教育如何成為人類在日益自動化的世界中，保持自身影響力的最主要工具。

教育形式的轉變

　　線上教育已經興起一段時間了，而且，在新冠肺炎疫情的影響下，學生也不得不離開教室，轉為線上學習。

　　這種情況發生在所有級別的教育現場，小學教育、中學教育、高等教育、職業教育、培訓教育和非正式教育均是。

　　而像領英學習（LinkedIn learning）這類平臺上的線上課程也有了顯著增長。長期以來，大型開放式網路課程（MOOCs）和同步大規模網路課程（SMOCs）的總體趨勢一直在增長。

　　當然，不僅僅是非正式教育課程出現增長。事實上，所有課程都有可能出現增長。

　　趨勢的發展往往是緩慢的，然後會在某個關鍵時刻加速發展。現在也許就是線上教育發展的那個關鍵時刻。僅僅是當前的情形也許就足以永久改變高等教育，甚至是所有教育形式的未來。

　　我曾在其他書中分享過一個故事：在不踏入大學校園的情況下，我如何在網路上完成第三個碩士學位的學業，其中包括遠端進行的碩士學位畢業答辯，以及線上完成的團隊合作和小組專案。

　　而且，這是在 2014 年至 2016 年這段時間完成的。

　　當然，現在的遠端技術比當時更好；人們擁有的工具更多，電

腦的運行速度更快，智慧型手機也更方便。總之，在我上網完成碩士學位學業之後的幾年裡，高效率的線上學習，也創造出更好的條件，線上學習所需要的一切都有了巨大的進步。

當我展望未來的教育時，我看到新冠肺炎疫情之後的三大趨勢。

這三大趨勢也是影響其他行業的三大動力，在科技的支持下，會打破某些行業的行會制度。當然，教育行業也將如此，尤其是大學本科及以上的教育。

攻讀學士學位、碩士學位和博士學位的這一系列步驟，是基於中世紀的學徒、幫工和匠師結構而來。

這三個學位等級制度大致相當於騎士等級制度或中世紀正式學位的學位等級制度。博士學位是三個學位等級中的最高級別，而博士論文大致類似於出師考試的作品或者說傑作，是一種能證明某個人是該領域大師的作品。儘管現在我們對教育的描述有所不同，但高等教育的結構從本質上來說仍然如同中世紀。

從歷史的角度來說，教育行會制度阻礙了人們進入其他職業領域或學科領域。但是，線上教育能極大化擴展課程內容和教育覆蓋面，具有顛覆傳統學習模式和學院行會制度的巨大潛力。我預計，我們在未來幾年將會看到線上教育呈現出快速發展的趨勢。由於線上教育的突飛猛進，將有比以往任何時候更多的人在線上學習。

教育的三大趨勢

我們在金融科技方面看到了三大趨勢 —— 成本去仲介化、大眾化和改善用戶體驗。我預計，這三大趨勢同樣會出現在教育領域並影響未來的教育。

第一，打破教育行會制度能讓教育成本去仲介化。第二，線上平臺能實現教育大眾化，讓更多的人得到教育。第三，有機會可以改善學習體驗。

大多數人可能認為，學有專精的大學生或研究生要在典型的郊區或者鄉村校園裡度過一段時光；身處某種有利的環境對學習會有所幫助。但是，這種情況將發生巨大變化。

近年來，一些規模較小的大學面臨著財政的壓力。如今，隨著經濟發展速度放緩且越來越多人轉向線上學習，我預計，我們會看到一些規模較小的大學在短期內因財務狀況不佳而經營不下去。

儘管一些小規模的文理學院 [1] 或者一些反對發展線上教育的院校可能會倒閉，但大型大學很可能會將此視為一個絕佳機會，一個能幫助它們實現教育使命並擴大教育範圍的機會。畢竟，透過增加線上教育的管道，它們能為更多的人服務。而且是大多數人負擔得起的價格。

需要記住的重點是，大多數人投身教育事業是因為他們想要幫助更多的人學習，小學、中學、大學和職業教育都是如此。

比起為少數人提供教育，教育工作者更可能抱有幫助更多人學習的使命，這樣，在更多人同時接受教育的情況下，人們也能有效率的學習。但同時，的確存在一個十分重要的問題 —— 增加學習者的數量，就有可能降低教育的品質。

然而，人們在這新冠肺炎疫情期間的線上教育經歷似乎能證明，在學生數量大量增加的情況下，也可以實現高效率且有品質的教育。如果這一點得到證實（我認為一般情況下確實如此），那些規模大、

[1] 文理學院：又稱博雅學院或通識學院，是美國高校的重要種類之一，一般奉行博雅教育、以本科教育為主，是規模小而精緻的大學。

知名度高的大學可以大量增加線上服務的學生數量。這樣一來，也可以讓教育成本去仲介化。

教育成本的通膨率超過了總通膨率

教育成本遠高於其他成本。當你比較美國消費者物價指數（CPI）[1] 通膨資料中的教育類消費者物價指數和總指數時，你可以看到這種情況。

[圖3-1] 美國教育類消費者物價指數與總指數的比較

來源：U.S. Bureau of Labor Statistics.Consumer Price Index for All Urban Consumers: All Items in U.S. City Average[DB/OL].FRED, Federal Reserve Bank of St. Louis.[2020-4-1].https://fred.stlouisfed.org/series/CPIAUCSL.
U.S. Bureau of Labor Statistics.Consumer Price Index for All Urban Consumers: Medical Care in U.S. City Average[DB/OL].FRED, Federal Reserve Bank of St. Louis.[2020-4-1]..https://fred.stlouisfed.org/series/CPIMEDSL.

[1] 消費者物價指數（CPI）：是一個反映一般所購買消費品及相關勞務價格水準變動的況的經濟指標。

在圖 3-1 中，你會發現，每年教育類消費者物價指數幾乎都超過總指數。不用說，如果情況一直這樣，就未來的教育可負擔性和可獲得性而言，這種教育成本不斷增長的趨勢很可能不會持續下去。這也就是線上教育在未來很可能出現爆炸式增長的主要原因之一。

線上教育能以較低的價格服務更多的人，並引入競爭機制，打破高等教育的行會制度，使教育成本去仲介化，從而產生巨大的社會效益，讓更多人能夠獲得更需要且重要的教育。在《機器人的工作》一書中，我曾把線上教育稱為「掌上課堂」。線上教育的確發展有一段時間了，而現在，它似乎在之前的發展基礎上出現了跳躍式發展。

也是因為線上教育，我在 2016 年成立了未來主義研究所，提供線上課程。我們希望能夠以較低的價格，盡可能為更多的學習者提供服務。

這就是商業運作的方式。儘管大學通常是非營利性機構，但它們也會帶有某種商業性質；畢竟，大學的經費收支需要平衡，它們也有自己的任務。只不過，它們的根本任務是讓更多人得到有效的教育，而非賺取利潤。

教育非常關鍵，尤其是在談及未來的工作時更能體會；要在未來做一名遠端工作者，教育門檻是先決條件。換句話說，為了在各種情況下都能有效地在線上工作，你必須成為一名知識工作者，你需要受過高等教育，需要具備高級技能。

新冠肺炎疫情之後，受到教育成本去仲介化和教育大眾化這兩種趨勢的影響，人們對教育的渴望會大大增加，因為可以遠端辦公的工作不會受到疫情的影響，會有越來越多的人想要這類工作，這

意味著，人們對教育的需求將會上升，而那些有抱負的知識工作者和大學都將不得不展開線上教育。

他們也許能夠找到方法，繼續服務更多人並更有效地完成更大範圍內的教育任務，同時提升大量人員受教育的有效性，至少在這方面可以做得比以往任何時候都好。

除了教育成本去仲介化和教育大眾化之外，還有一個趨勢是改善用戶體驗。在這一方面，科技是個好幫手。

為精英教育支付高額學費並沒有實質好處

教育成本去仲介化的原因之一是，那些每學期向大學支付數萬美元的家長或學生意識到，在網上觀看課程也可以獲得同等教育。

這種發現也許會讓一些學生和家長尋求替代方案，以更快取得學位。又或者，他們可能會重新定義進入頂尖大學的真正原因 ── 並不是為了得到最好的教育。

線上無法取代面授課程的其中一個主要原因是，親自到學校去上課能培養人脈；因為如果你接受的是遠端教育，自然也就沒有人際圈可言了。

實際上，精英高等教育機構提供線上課程已經有一段時間。自
1910 年起，哈佛大學就以延伸學院的形式提供相關課程。而且，哈
佛大學提供線上課程及其認證學位也行之多年，所需費用也只是傳
統面授課程的一小部分。當然，在哈佛大學學習和在延伸學院學習
這兩者之間還是有差別的。不過，或許對大多數人來說，這種差別
並不大。畢竟，這些課程仍然是哈佛大學的課程。

現在，提供線上課程、遠端教育和其他項目的大學不只哈佛，
許多大學都這樣做。我個人就是藉由線上課程取得麻省理工學院和
卡內基梅隆大學的學位。如果課程內容是你關注的唯一重點，也許
對你來說，線上教育才是最有效的。

當然，選擇遠端教育，就意味著你將無法獲得進入精英院校學
習的最大潛在價值 —— 人脈。

不過，不論是線上課程還是混合課程 [1]，我預計，新冠肺炎疫
情可能會給教育帶來兩個重要變化。

第一，新冠肺炎疫情後，一般人的教育程度會全面提高。第二，
遠端教育課程數量會迅速增加。而且，我認為，一些費用昂貴的高
等教育院校可能會面臨一些經營的壓力。

畢竟，在過去，人們願意為教育支付高昂的費用，是因為伴隨
教育而來的還有人脈。如果你只是在網上學習一門專為提升個人價
值而設計和推廣的課程，你就很難與有影響力的教授、思想家、諾
貝爾獎得主或是學術上的同行建立長期關係，而這些人也許有一天
會成為未來的領袖。事實上，如果人脈是首要的價值，教育只是次
要的，花在精英大學教育上的費用一定會受到影響。此外，可能有

---

[1] 混合課程：由兩部分組成，一部分是傳統的面對面講堂教學方式，另一部分則是網路的
線上教學方式。

的人會更注重校外人際交往，以彌補線上教育中缺失的人脈。

當然，這樣的情況也不一定會發生，轉向線上教育只是一個潛在的可能 —— 當人們看著孩子接受價值 2 萬或 3 萬美元的線上課程，就跟在 YouTube 上看影片一樣容易時，我們或許就能看到這一轉變。

科技增值

科技的幫助能降低教育成本並提升競爭潛力。而且有另一個重要潛在功能 —— 促進教育大眾化、改善學習者的體驗。

此外，隨著時間的推移，人們對相關科技使用只可能增加。如果各個大學在 2020 年春季學期－－ 一直不開學，改善線上教育用戶體驗的科技發展將可能更加重要。我估計，一些大學很可能 2020 年全年都不會開學，它們會取消所有夏季課程和秋季課程。

為了努力發展技術支援，我預計，人們可能會增加對教育技術（EdTech）的投資，對工具、培訓材料和遠端材料的重要投資，以創造一個更完善的學習系統。一旦老師和學生習慣了利用這些科技線上授課和學習，我們會發現，人們會更加容易接受線上教育。

德國有一句古老的諺語：「Was der Bauer nicht kennt, frisst er nicht.」翻譯過來的意思大致是：「不認識的東西，農夫就不吃。」因為諸如醫藥衛生和教育這樣的行業都有著數世紀的傳統，進入這些行業並不一定需要高科技的幫忙，即使是進入那些專門鑽研技術的領域，情況也是如此。

　　我預計，在未來十年甚至更長的時間裡，我們會看到技術變革替這些行業帶來一些變化。新冠肺炎疫情的發生會加快這一進度，因為它點出醫務工作人員缺乏的現狀，展示了線上教育和遠端辦公的巨大潛力。

　　此外，它也可能為地區發展帶來重要的機遇。我居住的德克薩斯州（Texas），有一項「2030 年前讓 60% 的人完成教育」的創舉，目標是到 2030 年，讓年齡在 25 歲至 34 歲之間的德州人，至少 60%完成某種程度的高等教育，獲得學位或其他相關證書。這個目標很遠大，也很重要，因為在德州的下一個經濟增長期，可遠端辦公的工作和較難自動化的工作將會更重要，而這些工作都十分關鍵，需要高等教育知識和職業技術技能。

　　得益於線上教育，正式教育與非正式教育、職業技能教育與終身學習等都有可能迎來快速發展。美國針對新冠肺炎疫情頒布的一些政策，促進了線上教育的興起，這讓德州更有可能實現目標。

　　但這並不是說，新冠肺炎疫情全球蔓延是一件好事，當然不是，它仍然是一場可怕的災難。

　　但是，如果我們試圖在絕望中找到希望的種子，從人口層面考量疫情對經濟和社會的影響，也許可以說從長遠來看，民眾的教育程度會提高，未來幾十年，我們將擁有一批高素質勞動力。

　　無論是從經濟還是從人口穩定的角度來看，都極為寶貴。而且，從公共衛生角度來看，醫藥衛生行業存在著巨大的人力缺口，填補這項空缺的需求相當緊迫，我們也期望，線上教育能幫助我們填補該行業的人力空缺。如果這一點能實現，從長遠來看，公共衛生的狀況將得到極大改善。

　　這是我們在「未來的工作」這一章節中討論的話題。當我們意識到未來的教育不僅能夠協調經濟需求、勞動力需求、民眾需求和

公共衛生需求之間的矛盾，而且能夠讓人們跨越令人畏懼、現在看起來幾乎是無法克服的行業鴻溝時；我們就會發現，線上教育真的很重要。

往後，我們的公共衛生水準將會不斷提高，我對此抱有莫大樂觀態度，因為勞動力的教育程度會更高，大學也會招收更多衛生科學和生命科學專業的學生，而這將為公共衛生和經濟帶來長期的社會淨效益。

再次申明，這不是說發生新冠肺炎疫情是一件好事。但是，如果長期觀察，我們有理由在這場疫情悲劇和經濟危機中抱有希望，或許能夠獲得一些有價值，且從長遠看來積極正面的收穫。

對在家上學的影響

一個無法確定的變動因素是，非自願在家學習會是怎樣的體驗。

在圖 3-2 中你可以看到，自 1999 年以來美國「在家自學」（Home Schooling）的發展趨勢，5 歲至 17 歲的學生，無論是絕對數值還是所占的百分比，似乎都在 2012 年達到了頂峰，此後直到 2016 年都有所下降。[1]

[1] 美國國家教育統計中心，資料擷取日期為2020年4月21日，https://nces.ed.gov/programs/coe/indicator_cgc.asp, Table 206.10-2016.

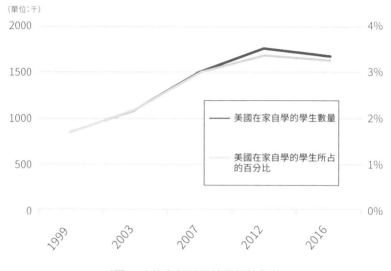

[圖3-2] 教育類居民消費價格指數

來源：美國教育部。資料檢索於2020年4月2日.
https://nces.ed.gov/programs/digest/d18/tables/dt18_206.10.asp.

　　新冠肺炎疫情讓人們不得不待在家上學，這可能會增加美國在家自學的人數。畢竟，對某些學習者來說，這種新的學習方式可能會帶來更好的效果。

　　雖然我們不能斷定新冠肺炎疫情之後在家自學的學生人數會增加，但這種情況似乎極有可能發生。因為，一些學習者或者家長的父母也許會發現，這種新方式能帶來更好的學習效果。

　　另外，一些家庭一直依賴於一個他們無法控制的系統提供教育並獲得教育成果，這次新冠肺炎疫情會讓這些家庭察覺到風險。有些人圍繞著學校來規畫他們的生活，他們認為學校是一個有保障、不會受干擾的機構；在未來，他們可能傾向於規避這類風險。

　　同時，已經在家自學的學生不太可能因為新冠肺炎疫情而放棄。

其實，與公立、私立或是特許學校（charter schools）[1]、教會學校
（religious schools）以及其他各種學校裡的學生相比，他們的教育
和學習生活受到新冠肺炎疫情的干擾可能要少得多。因此我認為，
既然這樣，他們何必要停止這唯一可行的事情呢。

反而是那些被疫情打亂節奏的實體學校學生，也許會開始在家
學習，之後也不會再回到學校來。發生這種事的可能性似乎更大。

總之，許多變化即將到來。

未來可能會有更多遠端教育課程，和在家自學課程為各個學習
階段的人群提供服務，包括初級、專業、菁英等等。

從長遠的角度來看，各級教育的普及率提高了，就很有可能改
善民眾的經濟收益。

從歷史上來看，教育程度一直是劃分工作的分水嶺。在圖 3-3
中，你可以看到美國勞工統計局統計的 2018 年失業和收入的相關
數據。從中我們可以看到，受教育程度與收入呈正比，與失業率呈
反比。換言之，教育程度越高，收入就越多，失業的概率就越低。

教育程度高的人將更富有，就業能力也更強。

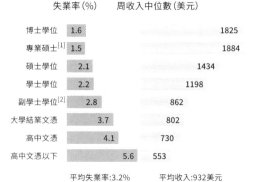

失業率(%)　　　週收入中位數(美元)

	失業率(%)	週收入中位數(美元)
博士學位	1.6	1825
專業碩士[1]	1.5	1884
碩士學位	2.1	1434
學士學位	2.2	1198
副學士學位[2]	2.8	862
大學結業文憑	3.7	802
高中文憑	4.1	730
高中文憑以下	5.6	553

平均失業率:3.2%　　　平均收入:932美元

[圖3-3] 按教育程度統計的失業率和收入（2018年）

注：以上資料的調查物件為25歲及以上的人群，收入統計的是全職工作者的收入。

來源：美國勞工統計局. 檢索於2020年4月2日. https://bls.gov/emp/education-pays-handout.pdf.

[1] 專業碩士：指側重特定職業的技能和實踐，而不是理論和研究。大多數與專業碩士相關
的職業，都需要考取執照才能執業。

[2] 副學士學位：是一種源自美國和加拿大的初級學位，一般分為文科副學士（Associate
of Arts，簡稱A.A.）及理科副學士（Associate of Science，簡稱A.S.）。修讀者一般須
有社區學院或專科學院修讀兩年，通常無需通過論文考核，與高級文憑的嚴格制度略有
不同。

04

未來的能源

遠端辦公改變了能源

當人們討論未來的能源時，電動汽車是熱門話題之一，因為電動汽車的發展會使得石油需求量下跌。但人們忽略了一個更為關鍵的因素：全球財富正在增長，新興市場，中產階級隊伍正不斷擴大，他們的主要需求仍是以石油為燃料的汽車，所以石油仍然非常重要。

這也意味著，石油的主要需求市場，也將從「經濟合作與發展組織」（OECD，簡稱經合組織）成員國，轉向遠東地區和其他新興市場。

正如美國頁岩油生產在增加邊際原油（marginal barrels of crude oil）產量的地理來源方面有所變化一樣，新興市場中產階級的崛起也給未來的邊際原油需求增加帶來類似風險。所以，在 2020 至 2030 這十年裡，美國原油生產和煉油廠可能在全球原油供應鏈中扮演越來越重要的角色。在這十年裡，中國、印度和亞洲其他國家對原油的需求可能會大幅增長。

新冠肺炎疫情的影響和遠端辦公

新冠肺炎疫情的全球蔓延改變了一些可能會發生的事情，尤其是能源市場短期內會有更大的下限風險，中期內價格上漲的壓力可能會減少。但未來幾十年，最大的變化趨勢將是全球人口和財富顯著增長，這些現實不會改變。

自 2020 年年初以來，WTI 原油（西德克薩斯中間基原油）價格出現三次大跌，每次下跌 10 美元左右。第一次價格下跌正值中國新冠肺炎疫情趨於緩和，全球製造業放緩之際；第二次價格下跌時，石油輸出國組織（OPEC）減產談判失敗，沙烏地阿拉伯增產；而第三次價格下跌正值市場對新冠肺炎疫情造成全球經濟負面影響持悲觀情緒之時。

在短期內，新冠肺炎疫情「就地避難」規則實際上是強制破壞了各種運輸燃料的需求市場 —— 特別是汽油和航空燃料。

此外，美國的石油產量一直很高。在停工期間，需求市場的破壞可能將美國的庫存推至歷史最高，從而導致美國和其他地區的原油及石油產品的供應過剩。這意味著，即使是在疫情後的復甦期，石油燃料需求可能依然倦怠，使價格承受壓力。俄羅斯和沙烏地阿拉伯兩個石油輸出國之間的關係不確定會如何發展，在這樣的背景下，隨著越來越多的人繼續遠端辦公，需求倦怠這一點可能會持續很長一段時間。

然而，從未來主義者的角度來看，在中期內，遠端辦公可能會對能源價格產生至關重要的影響。畢竟，如果更多的人繼續遠端辦公，可能會在一定程度上減少全球對石油的需求，並緩解石油價格上漲帶來的上行壓力。我之前就如此預測；事實上，大約十年前，我接受美國消費者新聞與商業頻道（CNBC），由卡爾‧昆塔尼拉（Carl Quintanilla）製作的系列節目《Beyond the Barrel》採訪，當時我在墨西哥坎昆（Cancun）的海灘上參加國際能源論壇，穿著一件白色亞麻西裝，儘管我覺得相當難忘，但這並不是採訪的重點。

那次採訪的重點是油價面臨巨大、潛在且長期的下限風險。雖然人們經常看到並持續討論電動汽車是否是造成石油需求減少的主要原因，但我在接受採訪時，談論的內容集中在另一個關鍵點上，那就是遠端辦公，它替未來的石油需求增長趨勢帶來了下限風險 —— 可能還會影響油價。

從能源的角度來看，如果你不必離開家去上班，你就不需要開車，你也不需要加熱或冷卻兩個空間 ——家和辦公室。

　　正如你在圖 4-1 中看到的，在 2005 年到 2015 年這段時間，遠端辦公是增長最快的一種上班方式，這種增長在 1990 年代中期就已經出現，我在《機器人的工作》一書中曾對此進行討論。

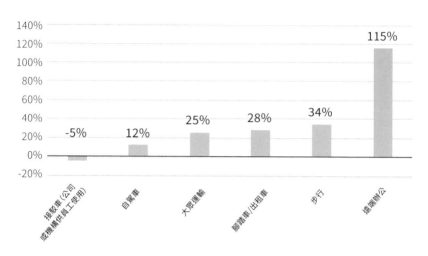

[圖4-1] 2005年至2015年期間通勤方式的改變

來源：2017 State of Telecommuting in the U.S. Employee Workforce[DB/OL].Flexjobs. [2019-5-9].
https://www.flexjobs.com/2017-State-of-Telecommuting-US.

　　選擇遠端辦公的人越來越多，它的價值主張很簡單 —— 除了為員工節省時間之外，也為雇主省下成本。如果員工不在辦公室工作，雇主就不需要在商業辦公空間、水電費、辦公用品或停車位上花費那麼多的錢。雖然電子商務在未來十年會推動能源需求的上升，但遠端辦公人數的增長會限制人們對能源的需求。

　　隨著時間的推移，越來越多的人會選擇遠端辦公。事實上，在新冠肺炎疫情之後，遠端辦公的人數可能會持續激增。畢竟，應對新冠肺炎疫情的舉措提高了人們遠端辦公和線上教育的意識。

　　最新的數據表明，遠端辦公者中擁有學士學位和碩士學位的人

數，比非遠端辦公者中擁有這類學位的人數還多。隨著線上教育的發展，高等教育普及化，越來越多的人會擁有遠端辦公的技能。

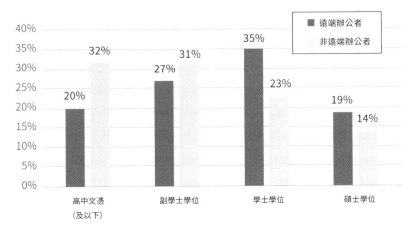

[圖4-2] 遠端辦公者和非遠端辦公者的受教育程度

來源：全球職場分析，彈性工作網站，美國人口普查資料，威望經濟公司，未來主義研究所。
《2017年美國員工遠端辦公的狀況》，彈性工作網站，資料檢索於2019年5月9日，
https://www.flexjobs.com/2017-State-of-Telecommuting-US.

展望未來

在未來十年，遠端辦公會繼續向前推進。我預計，在已開發經濟體中，這種可能性更大。只要開車上班的人數減少，或者增加在家辦公的人數，就很容易實現控制氣候變化和保護環境的目標。

遠端辦公可能會減少對石油燃料的需求，也可能會減少對天然氣和煤炭（以此為燃料進行發電）的需求——畢竟，如果人們是在家辦公而不是在辦公室辦公的話，會減少辦公室的冷暖氣和其他電力需求。

此外，雖然從長遠來看，可再生能源對發電至關重要，但天然

氣也有其優勢 —— 比如不受天氣變化的影響。在本書付印時，天然氣庫存同期增長近 80%。即使是在後疫情時代，天然氣庫存可能仍會保持在相對較高的水準。

由於全球人口大幅增長且新興市場總體財富的可能性大幅增長，未來對能源或者說燃料的需求會增加，遠端辦公似乎不可能完全抵觸這種需求的增量；但是，它會在一定程度上減少未來對能源和燃料的需求。

由於新冠肺炎疫情，許多公司大規模實施遠端辦公。在疫情之後，許多人仍會遠端辦公。所以可想而知，未來的工作、教育和能源如何緊密相連，並對石油燃料和電力需求產生長遠的影響。

05

未來的金融市場

個人和企業的投資方向在哪裡？

新冠肺炎疫情讓金融領域發生了翻天覆地的變化。

個體消費者在這場危機中採取的是「去槓桿」[1]，畢竟如果幾週或幾個月沒有收入來源，擁有 750 或 800 的信用評分也沒有多大意義。

此外，近年來，各企業大大提高了它們的槓桿率。實際上，我在 2019 年 5 月亞特蘭大聯邦儲備銀行金融市場會議晚宴上，聽到聯準會（The Federal Reserve System）主席傑伊．鮑威爾（Jay Powell）說的主要議題就是這一點。

鮑威爾警告說，企業負債高、槓桿貸款 [2] 額高，以及發行貸款抵押債券（CLOs）都是一種風險。

過去幾年，金融領域的巨大挑戰之一是提高企業槓桿率：追求收益 —— 即投資回報。另外，債券收益率（包括美國國債收益率）也一直很低，房地產價格一直在上漲，股票倍數 [3] 一直很高。

因此，個人和公司應該如何投資才能得到回報呢？

這是一個令人十分頭痛的問題，如果你想要的是穩定的固定收益類投資的話 —— 畢竟這種投資相對安全些 —— 那就更是如此了。而且，這不僅僅是美國才有的現象。

幾乎所有地方的收益都在下降。在本書付印時，歐洲央行的存款利率仍然為負，而且，在可預見的未來，歐洲央行的存款利率可能繼續為負。

---

[1] 去槓桿：減少投入資本中借貸的比例來降低資產中借貸資產的比例，以提升自身價值，保持在一定程度，進而理順反應出公司的償款能力。

[2] 槓桿貸款：為業務所簽約已負債的銀行，基金公司等金融機構貸款，以大幅度擴充公司大規模，擴張業務但其中具有極高金融風險。

[3] 股票倍數：每股市盈率，即股票每股價格除以每股盈餘，常用方法來評估估值，常見的是估值股本。

如果未來的金融領域持續低利率，提高企業槓桿率這個挑戰就會繼續存在。如果各國央行在未來每次出現衰退時都擴大資產負債表，低利率就會不斷出現，儘管從歷史來看，我們知道這些行為往往會引發通貨膨脹。

在未來的金融領域，這些情況也極有可能持續下去。但就股票投資而言，上述情況所引起的風險還不是最大的，從過往經驗來看，股票投資帶來的損失才是最大的風險之一。

IPO 的不合理變化

新冠肺炎疫情發生之後，股市受到很大的打擊，部分原因是價格變化脫離了長期的股市基本面。我曾在我的《金融的未來就是現在》（The Future of Finance is Now，2019）一書中強調過這些風險，現在我要再次重申這些風險。

2018 年，負收益的 IPO 所占的百分比為 81% —— 這個占比相當於 1999 年科技行業泡沫破滅前創下的負收益 IPO 最高占比。2019 年，負收益的 IPO 所占的百分比下降到了 74%，但仍是一個很高的占比。

正如圖 5-1 所示，從歷史來看，負收益的 IPO 呈上升趨勢。但是，比起之前的經濟週期，最近的經濟週期中的負收益 IPO 上升趨勢更加明顯。

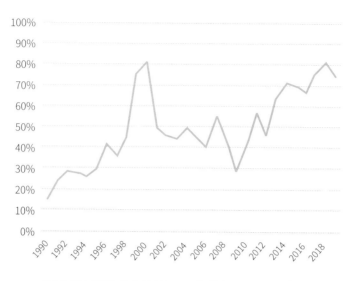

[圖5-1] 每股收益小於零的IPO數量（1990—2018）

来源：RITTER, JAY R.IPO Data.[DB/OL].Warrington College of Business, University of Florida. 2019[2020-4-2].https://warrington.ufl.edu/ritter/ipo-data/.

　　問題是，這種情況可能在未來仍然很常見。由於現在可供投資的上市公司越來越少，交易所交易基金需要讓其控股結構多樣化。

　　但是，隨著可供投資的公司越來越少，這對多元化的股權投資工具來說是一個挑戰 —— 而且可能會催生對各種類型資產的額外需求，即使這些資產的收益為負。

　　這也從一定程度上解釋了為什麼負收益的公司，在 IPO 時會比正收益公司的回報更多。在圖 5-2 中可以看到這種變化過程。我想表達的是，這多麼不尋常啊！

　　而且，這種回報的差距還不小。2018 年，就 IPO 日的平均回報率而言，負收益公司是正收益公司的兩倍。從 1980 年到 2018 年，IPO 日的平均回報率也是如此。

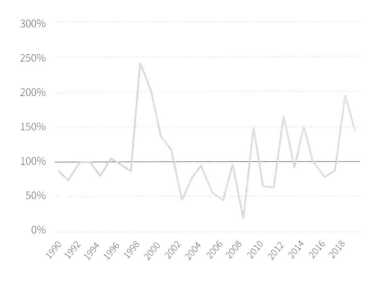

[圖5-2] 負收益公司與正收益公司的IPO回報比值（1990—2019）

來源：RITTER, JAY R.IPO Data[DB/OL].Warrington College of Business, University of Florida. 2019[2020-4-2] .https://warrington.ufl.edu/ritter/ipo-data/.

在 2019 年，這種情況有了些許改善，但在 IPO 日，負收益公司的收益仍然比正收益公司高了近 44%。

一些分析師和投資者將這種變化看作典型的投資於「正回報」。換句話說，人們選擇投資是因為物價一直在上漲。從私人融資開始，而隨著融資階段的推進，預期收益和早期公司的估值只會越來越高。從種子輪融資到 A 輪融資，一直到 IPO，負收益公司的估值會逐漸上升。

在 2019 年，我們多次警告，大多數上市公司利潤為負的現象會持續發生，目前這一數量比例已經接近歷史最高值。不過，正如我之前預測的那樣，這種情況「在經濟低迷時可能會得到修正」。

現在看來，情況很可能就是這樣。

學到和忘記的教訓

　　軍事戰略家常說的一句話是：「上一場戰爭的經驗，就是下一場戰爭勝利的基石。」經濟學家和政策制定者似乎也是如此認為。

　　我們顯然忘記股票市場 IPO 泡沫的教訓，因為近年來我們在重複這些教訓；不過，我們至少控制住抵押貸款和住房信貸的風險—— 至少看起來是控制住了。你知道的，只能說現在控制住了。

　　總結來說，在 2007 年至 2009 年間的房地產危機和大衰退（Great Recession）之後，抵押貸款市場穩定了下來。在圖 5-3 中可以清楚地看到這一點，圖中顯示了按信用程度發放的新抵押貸款。

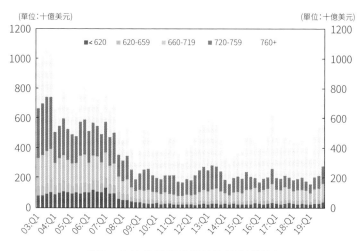

[圖5-3] 按信用評分發放的抵押貸款*

・信用評分是艾可飛[1]風險評分3.0

來源：Household Debt and Credit[DB/OL].New York Federal Reserve Bank.[2020-4-2].
https://www.newyorkfed.org/medialibrary/interactives/householdcredit/data/pdf/HHDC_
2019Q4.pdf.

[1] 艾可飛：英文名Equifax，是全球最大的跨國信用公司，信用企業界巨頭。

這組來自紐約聯邦儲備銀行（Federal Reserve Bank of New York，簡稱紐約聯儲）的數據，清楚地顯示了房地產危機前後的情況，即銀行把大多數抵押貸款資金都發放給信用等級高的人。

儘管房地產市場看上去有更強勁的信貸擔保，但在新冠肺炎疫情之後，它也有衰退的風險。畢竟，如果你一個月、兩個月甚至更長時間沒有收入來源，擁有 750 或 800 的信用評分也沒有多大意義。

儘管《新冠病毒援助、救濟和經濟安全法案》（CARES Act）允許一些抵押貸款延期支付並禁止收回住房，但現金流量風險仍然存在。而且，這種關懷政策不可能永遠執行。

寬限期總有結束的時候，而一旦結束，房地產市場將面臨下限風險，住房供應量會增大，這將對市場產生巨大衝擊。那些知道自己可能會因為失去收入而無法再支付抵押貸款的人，以及那些有可能永遠失業的人，也許就會直接賣掉他們的房子。這會導致可售房源激增，供應市場過於飽和，影響保障型自有住房市場的房價。

此外，那些以旅遊業為主要產業、經濟上受新冠肺炎疫情影響更為廣泛的地區，上述情況將更為嚴重，如拉斯維加斯（Las Vegas）、奧蘭多（Orlando）和紐奧良（New Orleans）這樣的大城市，也可能包括較小的旅遊和會議城市，如阿什維爾（Asheville）和奧斯丁（Austin）。

全國將會出現住房供應過剩的現象，而與此同時，住房需求卻在下降。

從投資者角度來看，信貸風險的轉移可能表現在租房需求下降這一點上。畢竟，如果承租人失業而無法支付房租的話，信貸風險就變成了投資者的風險。

儘管由新冠肺炎疫情造成的失業大部分可能是短期的，但仍然

有一些人會面臨長時間失去工作，失去大部分甚至是全部的收入。這樣一來，風險就從承租人身上轉移到了投資者身上。如果承租人無法履行租房協議，房地產投資者可能會被嚇跑，這將進一步削弱住房需求，壓低房價。

還有一個風險是，發放給購房者的抵押貸款將會減少。實際上，新抵押貸款的發放可能會停止一段時間，以便抵押貸款銀行和信用機構有更多時間來更準確地判斷房屋購買者的信用度。

這將造成符合條件的購房者減少，住房需求進一步降低，從而更壓低房價。

政策制定者將討論解決這一問題的方法。不過，對於放貸者來說，信貸評估始終是一項非常重要的風險管理工作。中斷的現金流和未來工作的穩定性或收入的不確定性，只有一個方法可以解決──時間。

總之，儘管住房信貸市場現在似乎比大衰退前更加穩定，但巨大的風險仍然存在。而新冠肺炎疫情全球蔓延帶來的最終結果可能是，失業率升高造成住房供應過剩，讓市場受到衝擊。而且，由於疫情導致收入中斷，銀行無法清楚了解購房者的信用度。

住房供應增加而需求降低帶來了風險，與此同時，投資者對租賃財產的需求降低。直到房價下跌至足以提供合理的回報率，以適當沖抵不斷增加的承租人違約風險和收回房屋的風險時，住房供應與需求才能持平。

不過，現在似乎並不存在與 2007 年至 2009 年大衰退期間的房地產危機類似的風險。

是的，在供應增加的同時，需求可能會下降。的確，這可能會壓低房價，尤其是旅遊業高度集中區域的房價。但是，新冠肺炎疫

情對住房相關領域的經濟影響，似乎不太可能上升到上次大衰退時的水準，它不太可能帶來災難性破產和信貸風險。

信貸擴張

在每個經濟週期中，都有推動信貸擴張的動力，而信貸擴張有助於推動經濟增長。

縱觀美國歷史，每個經濟週期都是由住房信貸擴張推動的。但在 2007 年至 2009 年的房地產危機之後，這不太可能再發生。

貸款緊縮，尤其是住房信貸緊縮[1]，結果會怎樣呢？

結果就是信貸擴張到了其他地方，各種經濟體總是會找到擴張信貸的辦法，信貸擴張到哪裡，哪裡就存在風險。

一方面，汽車貸款出現了信貸擴張；另一方面，企業信貸也出現了信貸擴張。讓我們一起來探討這兩種信貸擴張。

汽車次貸風險

相較於與汽車貸款相關的信貸風險，過去 10 年的房地產信貸風險就「相形見絀」了。如圖 5-4 所示，近年來，汽車貸款量一直居高不下，汽車次貸大幅飆升。

幸運的是，收回汽車比收回房子容易得多。但這仍可能給銀行或其他貸款機構，如專門做汽車信貸的公司帶來巨大的信貸風險。

此外，信貸的崩潰和大量收回的汽車湧入二手車市場，可能會對新車銷售造成影響。如果失業率繼續攀升，這種情況尤其可能發

[1] 住房信貸指的是銀行等金融機構提供的、以住房為抵押品的貸款標準，以及客戶申請貸款的條件等，但是本文中的英文原文專指前者。如此背景下作者的觀點未必十分完備。

生。事實上，至少在兩年內，失業率不太可能會下降至 2020 年 2 月
（新冠肺炎疫情全球蔓延之前）的 3.5%。

　　這意味著，汽車銷量可能會下降，汽車信貸可能會在未來幾年
緊縮。汽車信貸緊縮、抵押貸款標準提高以及新抵押貸款推遲發放
可能會導致經濟復甦緩慢。此外，大量回收的二手汽車流入市場可
能會給新車銷售帶來壓力，而新車銷售的減少可能使 GDP 增長面臨
壓力。畢竟，新車的銷售才會計入 GDP，GDP 定義的就是一個經
濟體在某一年內的新經濟活動。

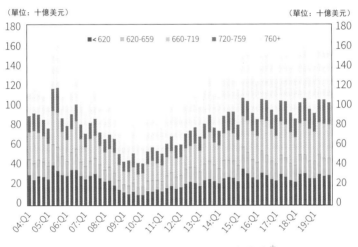

[圖5-4] 按信用評分劃分的汽車貸款*

• 信用評分是艾可飛風險評分3.0

來源：Household Debt and Credit[DB/OL].New York Federal Reserve Bank.[2020-4-2].
https://www.newyorkfed.org/medialibrary/interactives/householdcredit/data/pdf/HHDC_
2019Q4.pdf.

貸款抵押債券與企業債務風險

過去十年，信貸擴張的另一個主要領域是企業債務。近年來，雖然住房信貸緊縮，但是企業信貸的條件，變得像汽車信貸條件一樣寬鬆。

企業債務水準和企業槓桿率的提高，以及貸款抵押債券的激增，替企業財務帶來了重大風險。這些企業債務的發展又替共享國民信用、信貸市場和整個金融部門帶來了風險，而這些風險正是聯準會於 2020 年 3 月頒布新冠肺炎應對政策的主要因素。

聯準會將利率下調為 0% ～ 0.25%，同時大規模擴張資產負債表，支持各種投資級信貸，如市政債券、資產支援證券、商業票據、公司債券。當然，在本書撰寫期間，低品質、高收益的信貸仍然存在高風險。但聯準會仍可能會跳進信貸市場和債券市場的底端以挽救局面。

在考慮新冠肺炎疫情全球蔓延期間的各種經濟風險時，需要了解的重要一點是，這期間的企業債務和槓桿量都有所上升。儘管這類債務目前已處於歷史最高水準，但從經濟週期規律來看，它們很有可能還會繼續上升。

而且，這是一個我們都知道的風險。聯準會關注這個問題已有一段時間，這也是為什麼 2019 年 5 月開放記者和分析師參加的晚宴上，主席鮑威爾會公開談及這些風險。我在本章開頭也提到過這一情況。

但是，那些在股市中不斷尋求歷史高點的投資者並不擔心這些企業債務風險，而正是這種風險成為股市取得積極回報的基礎。我們在以前肯定聽說過股市崩盤 —— 最近一次是在 2001 年的經濟衰退期間。

下一輪的信貸大緊縮

在 2007 年至 2009 年的金融危機之後，抵押貸款緊縮。而且，自那之後，金融機構不得不面對圍繞信貸風險和債務風險的各種壓力測試。

現在，在經歷新冠肺炎疫情全球蔓延的危機之後，我們很可能會看到一種新的壓力測試 —— 測試公司應對倒閉風險的能力。

我們可能會看到，出借人會提高企業貸款條件。他們會要求企業可以承受兩週到四週的完全歇業，並把這作為獲得資金的先決條件。換句話說，在未來，企業很可能需要證明自己手頭有足夠的現金，才能獲得貸款資金。

就像《新冠病毒援助、救濟和經濟安全法案》的救助計畫一樣，這些要求很可能有利於大公司，而小公司，比如只有幾個員工的公司，可能就會難以獲得足夠的政府支持以維持營運。

未來的預期

展望未來，短期內，股市基本面的恢復看似很有可能，但投資者似乎不太可能繼續秉持保守主義。此外，還有一個重大風險，就是新冠肺炎疫情全球蔓延可能會對就業市場和房地產市場產生長久的負面影響。

未來，在《新冠病毒援助、救濟和經濟安全法案》的支持下，通貨膨脹率是否會上升，美國國債是否會持續增加，現在還不能確定。正常情況下，重大而持續的刺激措施會帶來通貨膨脹的壓力，但是，由於當前經濟增長有放緩的趨勢，所以經濟倦怠帶來的通貨緊縮風險可能會抑制通貨膨脹。

06

未來的貨幣政策

量化寬鬆政策會持續下去嗎？

2008 年金融危機後，世界面臨的巨大挑戰之一是，經濟如何在幾乎完全停止運轉的情況下逐漸復甦。聯準會、英格蘭銀行、歐洲中央銀行、日本銀行和其他中央銀行為了維持經濟穩定，都採取了關鍵措施 —— 擴張其中央銀行的資產負債表。

當我們考慮新冠肺炎疫情後的未來時，要知道的重要一點是，聯準會從上次經濟危機時就開始不斷擴張其資產負債表以刺激經濟，而且未來很可能還會繼續擴張。

聯準會能夠像變魔術似的變出資金來購買各種資產，從抵押貸款證券（MBS）、美國國債，到公司債券和股票，這是很令人擔憂的，但這種方法非常有效，我很早以前就說過，擴張資產負債表可能再次發生。畢竟，如果這一解方有效，為什麼不繼續呢？

聯準會

在 2008 年大衰退之後，為了解決經濟增長緩慢的問題，聯準會購買抵押支持證券，用來降低抵押貸款利率和刺激美國房地產經濟。同時，聯準會也購買了國債，從而壓低利率 —— 甚至後來聯準會把聯邦基金利率設定為 0%。

在 2008 年，聯準會採取了擴張資產負債表的措施，其資產負債表數額從 2008 年 1 月的約 9000 億美元，增加到了 2015 年 1 月的 4.5 萬億美元左右。但這期間聯準會並沒有購買股票或公司債券。而現在，為了緩解新冠肺炎疫情對經濟產生的負面影響，他們從 2020 年 3 月開始購買股票和公司債券。

從 2017 年 10 月開始，透過減少對到期抵押支持證券和國債的再投資，聯準會開始縮減其資產負債表。然而，與歐洲中央銀行在 2012 年至 2014 年期間縮減資產負債表的情況相比，聯準會縮減資

產負債表的速度似乎過於緩慢 —— 鑒於歐洲中央銀行的災難性經歷，聯準會在縮減資產負債表時顯得格外謹慎。

　　儘管聯準會放緩了縮減資產負債表的速度，但是 2019 年美國還是出現了經濟衰退。所以聯準會於 2019 年 10 月再次擴張其資產負債表，如圖 6-1 所示。

　　隨著新冠肺炎疫情的出現，其擴張資產負債表的速度再次加快。

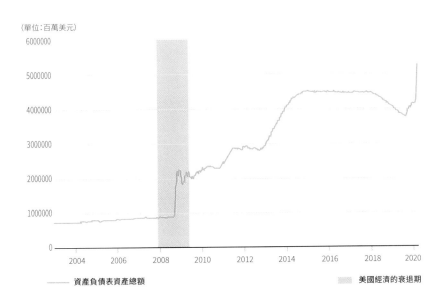

[圖6-1] 聯準會資產負債表資產總額

來源：Federal Reserve.Assets: Total Assets: Total Assets (Less Eliminations From Consolidation): Wednesday Leve[DB/OL].FRED, Federal Reserve Bank of St. Louis.[2020-4-1].https://fred.stlouisfed.org/series/WALCL.

量化寬鬆貨幣政策

擴張資產負債表能非常有效地刺激美國經濟，在我看來，這意味著聯準會將會進一步擴張其資產負債表。

早在 2016 年，在懷俄明州（Wyoming）傑克遜霍爾（Jackson Hole）召開的坎薩斯城聯儲（Kansas City Fed）年度會議上，珍妮特·葉倫（Janet Yellen）就曾說：「我預計前瞻性指引和資產購買仍將是聯準會政策工具箱的重要組成部分。」她還進一步補充：「未來的政策制定者可能希望繼續購買更多的資產。」[1]

正如她說的那樣，為了應對新冠肺炎疫情全球蔓延替整體經濟帶來的風險，聯準會又擴大了資產購買規模，幾乎把所有投資級債券納入了購買計畫。

就目前來看，這樣做似乎也沒有太大的負面影響。從全球範圍來看，只要所有中央銀行都在這樣做，就不會對外匯匯率產生重大影響。實際上，如果每個人都在玩這個「遊戲」，就很難有絕對的贏家或輸家。可以的話，所有國家都想採取量化寬鬆貨幣政策。

未來美國經濟的「量子態[2]」

展望未來的金融市場時，我們預計中央銀行會更大規模地擴張其資產負債表。因為在以往的經驗中，每次經濟出現週期性低迷時，中央銀行都會這樣做。但在我看來，這樣充滿風險。

[1] Federal Reserve. The Federal Reserve's Monetary Policy Toolkit: Past, Present, and Future[DB/OL]. https:// www.federalreserve.gov/newsevents/speech/yellen20160826a.htm.
[2] 量子態：在量子物理中，量子態描述了一個孤立系統的狀態。

事實上，由於新冠肺炎疫情全球蔓延給世界經濟帶來的高風險，聯準會又在開始擴張其資產負債表了。

我一直相信聯準會委員會前主席珍妮特・葉倫的判斷，在我看來，聯準會最終很可能會將更多種類的資產納入其購買計畫，它可以購買從公司債券到股票的一切資產，正如其他中央銀行的作為。

這就是現在正在發生的事。當然，隨著經濟低迷期的到來，中央銀行作為最後買家的重要性日益突顯。聯準會保護了美國經濟不被擊垮，同時由於聯準會在每次經濟低迷期都變魔術似的變出資金來購買更多資產，所以其資產負債表也不斷擴張。

這麼做可能導致的最糟情況是，在幾十年後或者說在數個經濟週期後，中央銀行最終會占有幾乎所有經濟市場的資產。而且，中央銀行將用自己製造的貨幣來支付債務，購買抵押貸款證券、國債、股票，甚至資產負債表上的實物資產。而這些貨幣原本並不存在。

這就是經濟的「量子態」。在這種狀態下，中央銀行表面上占有著一切，實際上它一無所有。接著，我們的經濟就會有大麻煩。

我經常提到這種風險，包括在《金融的未來就是現在》這本書中也提到過。

讓外界相信它們不會走上這條道路，將是各國中央銀行未來 10 年的首要任務。如果它們失敗了，最壞的情況就會成為現實。

面對新冠肺炎疫情，為了穩定經濟形勢並建立人們對投資級債券的信心，聯準會可能仍會購買更多資產，進一步擴張資產負債表，這是聯準會應對新冠肺炎疫情所帶來的經濟風險重要手段。這意味著它未來不是不可能發生經濟「量子態」情況。

MEMO

07

未來的財政政策

來自國債的警告

　　金融領域即將面臨的巨大挑戰之一是，美國國債日益增加帶來的風險。美國聯邦公開市場委員會（FOMC）成員、聯準會主席，甚至幾乎所有經濟學家都警告，高負債可能會對經濟增長產生負面影響。可是，這些警告並沒有得到重視，可憐的經濟學家都成了無人相信的預言家。

　　你也許會說，隨著 2017 年減稅政策的實施，美國財政保守主義也逐漸消失了。而且現在，大多數政治家和經濟學家仍然支持《新冠病毒援助、救濟和經濟安全法案》，這是一項高達 2.3 萬億美元的財政援助計畫，旨在新冠肺炎疫情全球蔓延期間，幫助美國經濟渡過難關。[1]

　　我也認為有必要通過並實施一項重大的財政刺激法案。畢竟，2019 年，美國經濟增長了 21.4 萬億美元（不考慮受通貨膨脹影響而調整的美元價值），即平均每月增長約 1.8 萬億美元。[2]

　　也就是說，如果因新冠肺炎疫情而讓經濟停止運轉一個月的話，美國將損失 1.8 萬億美元。這是個很大的數字。這些損失是無法挽回的，它對經濟體和個人造成的傷害都很大。

　　我認為，在正常時期，或者說在經濟穩定增長時期，增加不必要的財政赤字和國債其實是一種冒險行為。

[1] Committee for a Responsible Federal Budget. What's in the $2 Trillion Coronavirus Relief Pack-age?[DB/ OL].[2020-4-2].http://www.crfb.org/blogs/whats-2-trillion-coronavirus-relief-package.
[2] Bureau of Economic Analysis. Gross Domestic Product , Fourth Quarter and Year 2019[DB/OL].[2020-4-2]. https://www.bea.gov/system/files/2020-02/gdp4q19_2nd_0.pdf.

怎麼說呢？因為在經濟危機時，政府通常會利用寬鬆的財政政策來抵禦經濟衰退。可是，如果我們在經濟正常或穩定增長時期就動用了財政政策的力量，那等到經濟衰退來臨時又該怎麼辦呢？

幸運的是，當前利率還處於極低水準，聯準會正利用其資產負債表，以人為方式將利率維持在較低水準。這意味著現在政府還有空間可以發行更多的債券 —— 或者說，現在發行更多的債券比在未來發行更多的債券風險小多了。

儘管如此，我們還是得面對現實：美國的國債問題日益嚴重，已經接近 23.2 萬億美元[1]，這並不是一個小數目。到 2020 年年底，將達到 28 萬億美元，甚至是更多。

這可是一筆巨大的債務！

如圖 7-1 所示，美國國債增長的速度越來越快了。

美國用了 205 年的時間，使國債在 1981 年 10 月超過了 1 萬億美元。但是，在接下來不到 5 年的時間裡，美國國債就翻了一倍，在 1986 年 4 月達到了 2 萬億美元。最近一次，從 2008 年大衰退到現在約 10 年的時間，國債再次翻倍。

但願目前的經濟放緩不會導致再次翻倍。

[1] U.S. Department of the Treasury. Fiscal Service, Federal Debt: Total Public Debt [GFDEBTN], Federal Reserve Bank of St. Louis [2020.4.1]. https://fred.stlouisfed.org/graph/?g=qS8R.

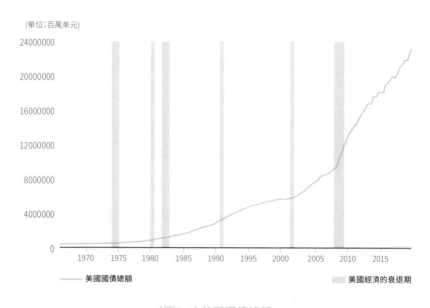

(單位:百萬美元)

[圖7-1] 美國國債總額

來源:U.S. Department of the Treasury. Fiscal Service, Federal Debt: Total Public Debt[DB/OL].FRED, Federal Reserve Bank of St. Louis.[2020-4-1].https://fred.stlouisfed.org/series/GFDEBTN.

　　自 2007 年 12 月的大衰退以來，美國國債與 GDP 的比例也大幅上升，儘管該比例的上升趨勢不如美國國債那麼明顯，如圖 7-2 所示。

　　高額國債的負面影響之一是，它會拖累美國經濟，影響經濟增長衡量標準之一的 GDP。此外，未償付的政府債務複利可能也會加劇債務風險。

　　目前，世界各地的低利率暫時阻止了這種悲慘情況的發生。但是，從長遠來看，這始終是一種風險，尤其是當擴張資產負債表不再能有效刺激經濟時。

　　儘管有分析指出，美國的債務與 GDP 比例低於其他國家，但美

國是世界上最大的經濟體，這意味著，隨著時間的推移，美國日益上升的債務水準可能會使全球經濟更難吸收美國發行的債券。

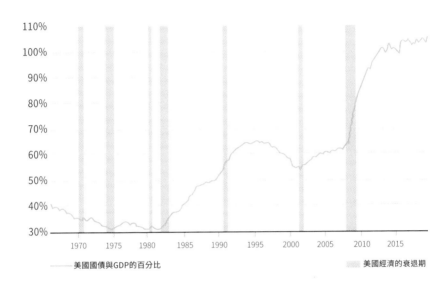

[圖7-2] 美國國債與GDP的百分比

來源：Federal Reserve Bank of St. Louis and U.S. ,OMB.Federal Debt: Total Public Debt as Percent of Gross Domestic Product[DB/OL].FRED, Federal Reserve Bank of St. Louis.[2020-4-1]. https://fred. stlouisfed.org/series/GFDEGDQ188S.

債務的風險

正如我 2019 年在《「垃圾箱大火」選舉》（The Dumpster Fire Election）一書中提到的，「經濟衰退的風險，將進一步促使國家債務水準和國債與 GDP 的比例，在 2020 年至 2024 年間上升」。

即將增加的額外債務主要是由社會政策帶來。

美國國債的數額已經很大了，然而社會政策（U.S. entitlements）方面的資金缺口更大。如果社會政策的債務繼續增加，

很可能會讓債務問題雪上加霜。總而言之，社會政策對今後美國政府的債務水準影響巨大，也對經濟成長構成了極大的威脅。

社會政策

美國社會政策中的醫療保險（針對 65 歲以上的老人）、醫療補助（針對貧困者）和社會保障，資金來源都是員工的工資稅。工資稅與所得稅不同，雖然由於財政政策的改變，所得稅稅率有所下降，但工資稅卻一路走高。由此也可以看出，社會政策儲備資金已經嚴重不足。

世界上所有國債總計約 60 萬億美元 [1]，這是各國政府累計持有的債務。但是，美國社會政策的資金缺口是這個數額的三倍。沒錯，美國的醫療保險、醫療補助和社會保障的表外負債 [2] 可能達到了 200 萬億美元 [3]。

如此高額的表外負債對美國經濟構成了威脅。美國傳統基金會（The Heritage Foundation）已經從美國國會預算辦公室（U.S. Congressional Budget Office）得到關於社會政策的估算數據，如圖 7-3 所示，這些數據令人沮喪。也許到 2030 年，美國社會政策和國債利息會消耗掉所有稅收收入。這些還是在 2017 年稅收政策改革、額外預算赤字規模擴大之前的慘澹數據，而 2020 年的《新冠病毒援助、救濟和經濟安全法案》更是加快了國債的增長速度。

[1] DESJARDIN J. $60 Trillion of World Debt in One Visualization[DB/OL].Visual Capitalist. (2015) [2017-2-11].http:// www.visualcapitalist.com/60-trillion-of-world-debt-in-one-visualization/.
[2] 表外負債：指未在資產負債表上呈現，但實際上要承擔的義務。
[3]MAYER J.The Social Security Façade[R/OL]. (2015-11-18) [2017-2-11]. http://www.usnews. com/opinion/economic-intelligence/2015/11/18/social-security-and-medicare-have-morphed-into-unsustainable-entitlements.

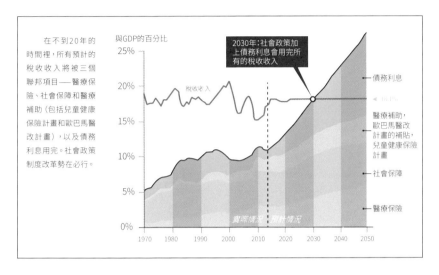

在不到20年的時間裡，所有預計的稅收收入將被三個聯邦項目——醫療保險、社會保障和醫療補助（包括兒童健康保險計畫和歐巴馬醫改計畫），以及債務利息用完。社會政策制度改革勢在必行。

與GDP的百分比

25%

2030年：社會政策加上債務利息會用完所有的稅收收入

20%

稅收收入

債務利息

GDP

15%

醫療補助，歐巴馬醫改計畫的補貼，兒童健康保險計畫

10%

社會保障

5%

醫療保險

0%

1970　1980　1990　2000　2010　2020　2030　2040　2050

實際情況｜預計情況

[圖7-3] 2030年美國在社會政策和債務利息上所需的費用與稅收收入情況

來源：Congressional Budget Office.The 2013 Long-Term Budget Outlook[DB/OL].[2013-9-30].
http://bo.gov/publication/44521 .
OMB Historical Tables.Budget of the U.S Government, Fiscal Year 2014[DB/OL].[2013-10-9].
http://www.whitehouse.gov/omb/budget/Historicals.

美國社會保障制度的鼻祖

社會政策的問題還需要從它的起源說起。

美國社會保障局（The U.S. Social Security Administration）將俾斯麥（Otto von Bismarck）譽為社會政策的鼻祖。[1] 甚至將他的畫像放在官網上。（見圖 7-4）

俾斯麥是一位很有魄力的政治家，他以提出現實政治而聞名。現實政治是一種建立在實用主義基礎上的政治思想，旨在爭取國家自身利益。對他而言，社會政策是實用且有利的。不幸的是，對於

[1] U.S. Social Security Administration. Social Security History: Otto von Bismarck[DB/OL].http://www.ssa.gov/ history/ottob.html.

現在的美國來說，情況並不是這樣。如今，美國社會政策的表外負債日益增加，對經濟造成了威脅。如果再不進行改革，可能會大大削弱勞動者的工作積極性。

[圖7-4] 美國社會保障制度鼻祖，俾斯麥

俾斯麥建立的制度是可持續的。他的制度是為 70 歲以上的德國員工提供養老保障金，而 1880 年代末德國人的平均預期壽命只有40 歲。[1] 換句話說，只有很少的人能從這個制度中獲得福利，所以

[1] TWAROG S.Heights and Living Standards in Germany, 1850-1939: The Case of Wurttemberg. J/OL]. Health and Welfare During Industrialization,1997[1].[2017-2-11].http://www.nber.org/chapters/c7434.pdf. 轉接 USTECKEL R. RODERICK [ed.M]. Chicago: University of Chicago Press, 315

這個制度需要付出的成本幾乎可以忽略不計。

俾斯麥藉由操縱社會政策打敗政治對手，這在當時幾乎不用付出成本。而美國當前的社會政策卻是一種無公共基金的表外負債，可能會摧毀整個國家的經濟。

而且，許多美國人十分依賴社會政策，這讓關於它的改革陷入了可怕的兩難境地。（圖 7-5）

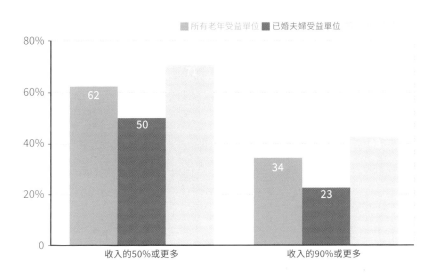

[圖7-5] 以社會政策為主要收入來源的老年受益單位所占的百分比 *

* 按福利對總收入的相對重要性計算

注：一個老年受益單位指居住在一起的已婚夫婦或未婚人士，未婚人士包括分居或結婚但沒有住在一起的人。*

來源：U.S. Social Security Administration. Fast Facts and Figures About Social Security[DB/OL].
2017 [2019-6-17]. https://www.ssa.gov/policy/docs/chartbooks/fast_facts/

社會政策為什麼會崩潰呢？俾斯麥明明建立了一個良好制度，發生了什麼事？

這個問題的答案可以從人口統計資料中找到。

人口統計資料

隨著美國人口增長速度的大幅下降，其人口結構也不可避免的發生了變化。出生率下降，預期壽命卻增加了，更增添社會政策的資金壓力。可悲的是，不論是總統、參議員還是眾議員，都無法改變美國的人口結構，這不是單憑一己之力可以改變的事。

而且，由於 2020 年的總統大選以及其他選舉即將到來，人們也不太關注這個話題。

1950 年代到 1960 年代初，美國的人口增長率每年都超過 1.5%，但到 2011 年，人口增長率已經下降到只有 0.7%。[1]

人口增長放緩的原因之一是生育率的下降。總體而言，全球生育率一直在下降。據人口統計學家喬納森‧拉斯特（Jonathan Last）統計，美國的生育率與其他工業化國家相比仍然較高，為 1.93%。[2]

話雖如此，美國生育率仍低於 2.1% 這個「黃金數字」。因為根據喬納森‧拉斯特的說法，如果要維持人口數量，生育率就不能低於 2.1%。[3]

生育率下降對維持社會政策制度來說是一個重大問題。畢竟，社會政策制度曾在 1940 年運作良好，因為當時是 159.4 個員工對應一個受益人（見表 7-1）；而到了 2013 年，2.8 個員工就要對應一個

[1] World Bank.Population Growth for the United States[DB/OL].Federal Reserve Bank of St. Louis[2018-6-5]. https://fred.stlouisfed.org/series/SPPOPGROWUSA.
[2]LAST J. What to Expect, When No One's Expecting: America's Coming Demographic Disaster[M]. New York: Encounter Books, 2013: 2-4.
[3]LAST J. What to Expect, When No One's Expecting: America/s Coming Demographic Disaster[M]. New York: Encounter Books, 2013:3.

受益人，讓社會政策面臨著巨大的挑戰；而且，到 2040 年，很可能降到 2 個員工對應一個受益人。[1]

[表7-1] 員工與社會保障受益人的比率

年份	覆蓋的員工 (單位:千)	受益人 (單位:千)	比率
1940	35 390	222	159.4
1945	46 390	1 106	41.9
1950	48 280	2 930	16.5
1955	65 200	7 563	8.6
1960	72 530	14 262	5.1
1965	80 680	20 157	4.0
1970	93 090	25 186	3.7
1975	100 200	31 123	3.2
1980	113 656	35 118	3.2
1985	120 565	36 650	3.3
1990	133 672	39 470	3.4
1995	141 446	43 107	3.3
2000	155 295	45 166	3.4
2005	159 081	48 133	3.3
2010	156 725	53 398	2.9
2013	163 221	57 471	2.8

來源：美國社會保障局，2017年2月11日檢索自https://www.ssa.gov/history/ratios.html.

社會政策制度受到了兩面圍攻：出生率下降和預期壽命增加。

除了生育率較低之外，自俾斯麥開始在德國實施社會政策制度的 1889 年以來，美國人的預期壽命增加了一倍 —— 從 40 歲左右增加到了 80 歲甚至更高。此外，人們開始享受社會政策的年齡實際上

[1] LAST J. What to Expect, When No One's Expecting: America's Coming Demographic Disaster[M]. New York: Encounter Books, 2013:109.

已經從 70 歲降到了 65 歲；有資格享受的人口大幅增加，同時，贍養老人所需的醫療費用也在增長。

如果美國人口增長非常迅速的話，這也不是多大的問題。但事實並非如此。

此外，川普政府正在努力減少美國的非法移民。儘管這樣做從某種程度上來說會給社會和經濟帶來好處，但也會降低人口增長率和人口的平均出生率。

如今美國的人口增長速度已經放緩到低於嬰兒潮時期的一半，總生育率低於維持人口數量不變所需的「黃金數字」。正如喬納森·拉斯特提到的：「從本質上說，社會保障是一個龐氏騙局[1]。就像所有龐氏騙局一樣，只要新參與者的數量繼續增加，它就能正常運作。」[2]不幸的是，社會政策制度正瀕臨崩潰。

出生率下降帶來了一個很大的問題 —— 計稅基數萎縮，這會導致無公共基金的表外負債增加，意味著無公共基金的 200 萬億美元負債，或者未來更多的社會政策支出，將由越來越少的勞動者承擔。

從長遠來看，出生率下降、壽命延長、醫療成本上升、勞動參與率下降以及社會大力發展自動化，都可能增加社會政策項目的運轉壓力，加速該制度的問題。從財政上來說，只有在人們開始享受某種福利待遇的實際年齡比預期壽命多 30 歲時，這種福利項目才能運轉良好。

遺憾的是，2016 年的總統選舉、2017 年的稅收改革以及 2018 年的期中選舉，都忽視了社會政策制度問題。而現在，在 2020 年的

[1] 龐氏騙局：指龐大向後滾動的金字塔式，以後來投資者的沒有盈利增多的金字塔式的中間者，以誇騙中後人投資。
[2] LAST J. What to Expect When No One's Expecting: America's Coming Demographic Disaster[M]. New York: Encounter Books, 2013:107.

選舉週期中，它還是得不到重視。

新冠肺炎疫情帶給財政政策的啟示

和其他領域一樣，新冠肺炎疫情讓當前社會政策的弱點表露無遺。在經濟基本處於停滯狀態時，聯邦政府不得不啟動一項 2.3 萬億美元的援助計畫來刺激經濟，而在這之前，國債和社會政策資金缺口的風險已然存在。

未來的財政政策涉及的問題主要是額外的財政刺激，越來越高的債務和迫切需要改革的社會政策。除了這些，在這場危機中向個人發送的福利資金可能會成為一項固定的政治計畫。

而全民基本收入（UBI）也得到了社會的廣泛關注。全民基本收入能讓每個人都獲得固定工資，無論他們是否工作。這看起來很好，但全民基本收入的最大問題是，我們的政府根本負擔不起。社會政策的表外負債高達 200 萬億美元，這使得美國要進一步永久性地擴大對全民基本收入的預算幾乎是不可能的。

但是為了應對新冠肺炎疫情，全民基本收入計畫似乎成了政府必須執行的計畫。不過，這項計畫會不會實施還得視情況而定。因為未來還會出現更多的債務和新的社會政策問題，解決這些問題似乎都比實施全民基本收入計畫更迫切。所以，即使沒有全民基本收入計畫，我們也有足夠的理由擔心美國的經濟增長率。

希望未來有審慎的財政政策

無公共基金的高額表外負債，即社會政策負債，最終可能會破壞西方穩定的金融體系，讓經濟不再增長，並引入可能破壞民主制度的不安定因素。

讀到這裡，有人可能會認為我在誇大其詞。我也希望如此。但遺憾的是，並沒有；放眼全世界，這些問題甚至比我說的更嚴重。

一直忽視的問題可能會讓我們對全球經濟的增長預期大打折扣——尤其在消費驅動型的服務型經濟體中情況更是如此。在這些經濟體中，退休人員的收入會大幅減少，同時正值壯年的員工工資稅會大幅增加。對於未來的經濟和金融市場來說，這些風險帶來的影響性不可低估。

我理解，面對經濟倦怠和公共衛生系統崩潰的風險，現在還不是實施財政緊縮政策的時候。然而，現在正是我們應該反思的時候，一旦疫情過去，我們對財政政策的實施應該更加謹慎。只有這樣，當下次再出現這樣的危機時，才可以更迅速地採取行動。

當然，我們在未來也許很難看到謹慎的財政政策。

但希望永遠都在。

08

未來的房地產行業

房地產業的六大變化

新冠肺炎疫情帶來的不利因素可能會嚴重影響房地產行業，表現在下列這六種方式：

——商業辦公室的需求下降。

——零售地產的需求下降。

——住房供應過剩和房價下跌的風險增加。

——以旅遊業為主的地區，房地產行業面臨高風險。

——買房時人們可能更加注重空間大小而不是地理位置。

——倉庫和配送中心的需求增加。

首先，有個潛在的可能是，越來越多的人會遠端辦公，我在本書的其他章節中已經討論過這個問題，這裡不再贅述了。我想指出的是，如果越來越多的人遠端辦公，公司將不再需要那麼多的辦公空間，也就可以節省成本。

當然，如果你剛好是出租辦公室的房東，這很可能讓你頭痛。

在我看來，一些高級商業地段可能會改造成飯店、公寓或多功能地產。如果人們繼續像在新冠肺炎疫情期間那樣遠端辦公，我們可能會發現，許多辦公商業地產都是多餘的 —— 尤其是高度城市化區域的昂貴地產。

新冠肺炎疫情後的第二個重大影響表現在零售地產上。商業活動轉向電子商務已經有一段時間了，但在新冠肺炎疫情全球蔓延期間，這一點更加明顯，因為有利於節約成本。

因此，就像新冠肺炎疫情全球蔓延帶來的其他經濟影響一樣，許多小型家庭企業、家庭餐館或是小型服務企業、小型零售商店，都不得不關門停業。

新冠肺炎疫情全球蔓延對服務業的影響尤其嚴重，因為這些行業的人需要與其他人相互接觸，而這完全背離了保持社交距離以減少病毒傳播的要求。有些服務業，如按摩理療、美甲沙龍和髮廊需要與人有非常密切的接觸，這與保持社交距離以減少病毒傳播的要求不一致。此外，由於這些商家規模很小，即使它們能夠從《新冠病毒援助、救濟和經濟安全法案》的 2.3 萬億美元救助計畫中獲得一些資助，也可能難以生存。

因此，我預計，許多小餐館和小型企業會倒閉，它們將很難重新開業。此外，新冠肺炎疫情之後，人們會更加依賴電子商務，可想而知，這將削弱零售地產的價值，整個零售地產的產業鏈可能會在後疫情時代斷裂。

第三個重大變化是住宅地產可能也會受到衝擊。如果企業倒閉，人們無法重返崗位，就會有一些住房因為持有人無法償還抵押貸款而收回，即使政府為了防止有過多的抵押貸款無法償還，可能會端出相關政策以幫助彌補一些貸款和資金缺口，但可以想像，仍會有一些地區的持有人拖欠他們的抵押貸款。

那些因為抵押貸款而無法生存下去的人，也許會想辦法盡快賣掉房子，所以我們很可能會看到很多房子同時上市出售。由於房價受供求關係影響，大量的人拋售房屋，很可能會壓低這些房屋的價格，這也可能影響財政健康狀況。我在本書的「未來的金融市場」這一章詳細討論過這種風險。

第四個可能的重要變化，出現在那些以旅遊業為主的城市或地區，比如拉斯維加斯、奧蘭多和紐奧良。

賭場和主題公園已強制關閉，因為旅遊區人群聚集，感染新冠病毒的風險很高。如果新冠肺炎疫情持續蔓延，與旅遊相關的城市

可能會遭受難以估算的損失。此外，即使新冠肺炎疫情很快結束，這些地區的旅遊收入也可能非常有限，其可支配收入可能無法迅速恢復到疫情前的水準。即使政策允許人們旅遊，這些主要的旅遊中心可能還是會繼續遭受損失。

我們預測的第五個重要變化是，越來越多的人會傾向於選擇空間更大的住所，而不是離工作地點更近的住所。我的意思是，我們可能會看到，購房者會更明顯地偏好於那些較大的郊區住宅，而不是靠近市中心的公寓。

在過去 15 年的時間裡，許多人都預測，美國的城市化進程會進一步加快。但是，這次新冠肺炎疫情對社會產生的重大影響可能會改變這一觀點。首先，遠端辦公可能會讓人們更偏向於選擇空間更大的住宅；如果人們是在家辦公而不是在辦公室，就會導致全家人擠在一起，所以更多人會偏好擁有較大空間的住所。

此外，在人口稠密的地區，人們很可能會囤積大量食物，畢竟這裡食品短缺和疾病傳染的風險可能會更高，這似乎也可能讓人們更加傾向於選擇住在郊區或農村，而不是城市。

對於大人要在家辦公，孩子要在家學習的家庭來說，情況更是如此。如果上班和上學都不需要出門，大家都在同一屋簷下，肯定會傾向於居住在更大的空間裡，而不是離他們不會去的辦公室或學校更近的小公寓裡。

新冠肺炎疫情後，房地產行業的最後一個變化是，對倉庫和配送中心的需求增加，物流和電子商務的發展可能會加大這種需求。

對於房地產行業來說，這六大變化似乎會在未來數年或者稍長的一段時間內出現。其中一些變化也許不是新鮮事，但新冠肺炎疫情加強了其中一些變化，並加速了某些變化的發生。

09

未來的農業
新冠肺炎疫情對食物的衝擊

　　農業可能會因為新冠肺炎疫情造成的社會經濟動盪，而受到巨大影響。畢竟，普遍性的食物短缺，特別是水果、蔬菜、蛋類、肉類這些新鮮食物和乳製品，可能會刺激更多人投身農業。

　　關鍵點在於，在現在這個時代，幾乎所有美國人都能輕易獲得食物。但是此刻，我們突然看到人們重新關注起了食物，這對重要投資項目的判斷將造成影響，同時，人們的職業選擇或許也將受到這次全球性流行病的影響。

　　投資者或許會對室內食物儲藏室、室內垂直種植、栽種及養殖的小型農業設施更有興趣。我預期，我們可能會看到越來越多資金投入於小型養殖，以及用於生產蔬菜與魚類等食物的多層水培設施。

喚醒食物意識

　　在馬斯洛需求層次理論中，食物處於結構的最底層。很久以來，大多數美國人將食物視為可以予取予求的東西，也是大多數人認為不會出問題的東西，尤其美國是一個食品出口大國，生產的食物幸運地多於消費。但當前供應鏈遭受負面影響，人們很難得到新鮮食物和某些食材，這樣的現象已經產生了實際的影響。

　　這些影響可能會促使更多人在家裡生產食物。事實上，我本人就認識一些人，因為新冠肺炎疫情開始在家裡種東西；還有一些人，為了得到自己想要的新鮮食物，開始在家裡飼養雞或者其他家畜。

　　這樣的現象並不少見。最近幾週，我接到了許多國有企業與私人公司高階主管的電話，我們在談話中分享在網路上訂購食物的技巧，以及如何獲得當地市場裡找不到的食物，包括乳酪、肉類、水果、蔬菜和魚類等。

　　固然，在世界上，幾乎每個國家都會有一些人仍然難以獲得生

活必需品，包括食物，但我從未想過，這會在 21 世紀成為大多數人的問題；我過去從來沒有想過：如果我想要雞蛋，就只能去養雞。而這將會成為一些商業人士看待食物的新標準，一想到這裡，我便覺得可怕。

或許，這些變化中最令人吃驚的就是，這種想法已經不再僅僅專屬於希望與世隔絕的人了。如今，想保證食物供應來源無虞的人，就必須這樣考慮問題。

展望未來，我們似乎很有可能看到，人們對農業投資空間、就業和國家安全的興趣，比過去很長一段時間以來都要濃厚。

我也認為，有關農業的一個重大變化，是人們將更常使用超市送貨上門服務。20 世紀時，只有一些老人真正需要遞送食物的服務。我還記得 1980 年代，我的嬸婆貝莎就是請人幫她遞送食物。而且我也知道，在那很早以前，就有許多老人是這樣做的。

天哪，那些老人的想法是對的！

近年來，人們開發了不少應用軟體來幫大家安排遞送各自需要的日用雜貨。根據新冠肺炎大流行期間對這些軟體的使用情況來看，我認為，以後使用它們將會成為常態，而且使用範圍將會更加廣泛。這是人們不得不使用應用軟體安排食物遞送帶來的直接結果。

至於就業，當前的趨勢是，美國勞動力中從事農業生產的人數大幅減少了。事實上，19 世紀中葉，有大約一半的人從事農業工作。但現在，從事農業的勞動力人數只占美國勞動力總人數的 2% 左右。

展望未來，我預期，在今後幾年中，我們將看到許多人轉向農業生產，這一趨勢很可能會持續至少 10 年。

無法得到食物的恐懼，以及走進市場卻找不到食物的恐慌，給人們帶來不少壓力。對於那些正在計畫職業生涯的年輕人來說，情

況尤其如此。

　　他們可能正在上國中、高中或者大學，他們正在思考未來要從事哪種職業。在新冠肺炎流行期間，他們有取得食物的困難，這種經歷將影響他們人生中的一些重大決定。

　　我生於 1970 年代，知道一些蘇聯人民的生活情況，甚至能回想起一些畫面和故事，如找不到廁紙和食物。而這種情景發生在 2020年的美國，讓我深感震驚；而且，這類事情將以最真實的方式，在人們的工作和生活中投下長長的影子。

　　當人們論及基本產業的定義時，有一點毫無爭議：農業就是一個典型的基本產業。沒有食物，我們終將失去一切。

10

未來的供應鏈

穩定的供應鏈正是關鍵

在美國，新冠肺炎的大流行造成了紙製品與食品短缺，這讓許多人大吃一驚。也正因為這一狀況，許多人意識到美國供應鏈及全球供應鏈的重要性，意識到供應鏈與物資運輸產業的重要性，及配送的挑戰。

新冠肺炎大流行讓許多美國人感到不安。我預期，我們將在後疫情時代看到供應鏈領域的許多重大變化。

首先，疫情讓美國甚至是全球供應鏈的脆弱面昭然若揭。我相信，許多人現在應該不得不承認，供應鏈斷裂的情況在全球任何地方都可能發生，而存貨不足將更進一步加速供應鏈斷裂對經濟造成的負面影響。事實上，現在應該很清楚，長期在供應鏈擴大的同時維持低存貨量，可能導致災難。

第二，一直以來，人們都認為，醫療藥品與醫學器材可以滿足需求，隨時供應。但事實證明，這是無法保證的。一些醫務工作者不得不反覆使用一次性個人防護用品（PPE）或者醫療設備，這樣的消息令人驚恐。在未來，人們有可能認識到醫療供應鏈是更為關鍵的環節，並制定降低醫療供應鏈風險的政策。

第三，現在，幾乎每個人都對美國經濟及供應鏈有了更清楚的認識。在 1990 年代與 21 世紀初，商業院校裡幾乎從來不提「供應鏈」這個詞。而現在，供應鏈成為了每位高階主管、政治家、領導人及消費者的口頭禪。

我們的貨物來自哪裡？它們是怎樣來到我們手中的？什麼時候會到貨？這些都是人們無法繼續忽視的問題，如何讓人們信任脆弱的供應鏈，可能是接下來的一大挑戰。

長鞭效應

當遭受需求衝擊時，供應鏈會帶動供給，貫穿整個供應鏈的低庫存和低供給可以迅速傳遞到終端市場。受此影響，供應方會迅速提高產量。但這仍然需要時間，才能讓產出的貨物流通供應鏈。

但是，為了滿足當下激增的需求而大量增加供給，會導致供應鏈過分膨脹。你可能會看到在供應鏈的許多節點上累積大量貨物；或者可能堆積過多的貨物，結果在未來的某個時間點上，消費端出現了供大於求的現象。

簡言之，供應鏈有時根本無法進一步加速，當你強迫它加速時，就會在一些節點上，或者在最終消費端造成供大於求的情況。供應鏈領域的從業人員稱這個現象為「長鞭效應」——因為鞭很長，只要持鞭者手腕輕輕一抖，就能讓鞭梢發出清脆響亮的聲響。

當然，在緊急關頭，長鞭效應的風險仍然不足以讓人們放棄推動供應鏈加速的意圖，特別是當人們無法獲得亟需的新鮮食物、紙製品（包含廁紙）、醫療設備和個人防護用品（PPE，包括手套和口罩）等關鍵物品時。

有些問題的產生並非僅僅是因為需求的激增，有的時候也是因為供應緊張。換言之，就是庫存過少。

原因何在？

一直以來，許多公司都以長期維持低庫存的方式來增加收益，但事實證明，這個策略有時候風險很大。

醫療設備與PPE的供應鏈變化

保持低庫存的同時讓供應鏈跨越很長的距離是一件很難的事。事實上，低庫存量與過長供應鏈結合，往往會在緊要關頭造成災難。而這次的新冠肺炎大流行，正好讓我們看到這樣的結果。

因為這樣的經歷，我們可能會在將來看到人們改變相關政策與策略，以鼓勵各條供應鏈上保證有更充足的庫存。這些政策和策略可能包括計畫一些監管激勵措施或法令，以便於今後管理與醫療和PPE供應有關的製造、儲存和流通等環節。

我們也可以想像，美國可能會試圖通過監管政策或相關規則重建醫療設備和PPE的各條供應鏈，以便在國內或者美墨加協定（USMCA，即北美自由貿易區）區內生產更多相關產品。縮短供應鏈有助於抵消供應鏈上庫存過低帶來的風險。由於距離長、參與者眾多、有關監管規則各異，全球供應鏈的風險自然高於美國國內供應鏈的風險。

餐廳面臨的風險

人們可能也會重新評估食品供應鏈的穩定性，因為它會為旅館業、餐飲業、旅遊業和其他相關產業帶來風險。按照傳統，食物主要透過兩大管道分發：一條是銷往商業管道，如餐廳或其他食品供應場所；另一條是銷往消費者管道，如超級市場。

由於一些變化和規定（包括「居家避疫」法令和隔離措施），人們現在更常選擇在家裡訂購來自超級市場的食物。

新冠肺炎疫情持續的時間越長，餐館與其他非超級市場場所的經營就越困難。畢竟，如果不穩定因素（如新冠肺炎疫情）長期擾

亂食品供應鏈，人們便可能適應「在家訂購」這種消費方式，從而使得進入商業管道的新鮮食品減少，甚至斷絕。簡言之，這些本該銷往商業管道的食品可能轉入超級市場，到時，餐館和其他食品供應行業的復甦將變得更加困難。

　　這就是食物供應鏈的變化給經濟帶來的短期風險。儘管這種變化可以幫助解決超級市場食物供應鏈已出現的一些問題，比如雞蛋、牛奶、乳酪、肉類、蔬菜、水果等食品的短缺，但它也可能給希望重新開業的餐館帶來經營難題。如果供應鏈的這種變化持續很長一段時間，需求端也會發生變化，餐館也就幾乎不可能再重新開業，因為它們在開業之後可能無法保證經營所需的新鮮食材、清潔用品、廁紙和其他紙製品等的供應。

供應鏈對經濟穩定的重要性

　　在很大程度上，經濟的穩定依賴於貨物與服務向終端使用者的發送。如果這方面出現混亂，不僅會給經濟造成很大影響，而且會對一般人的生活帶來實際影響，也會給國家安全帶來潛在風險。

　　幸運的是，美國是食品淨出口國。但其他國家就沒有這麼幸運了，它們因為食品供應混亂受到的社會影響可能更大。

　　在說到人及其生活時，《三毛錢歌劇》（The Threepenny Opera）的劇作者貝托爾特・布萊希特（Berthold Brecht）寫過這樣一句話：「Erst kommst das fressen, dann kommt die Moral.」可以粗略地翻譯為「倉廩實而知禮節」。

　　換言之，如果人們無法得到食物，整個社會都將產生動盪。

　　新冠肺炎疫情形勢開始嚴峻時，我正在與美國國防部合作，期間多次參與討論食品和其他基本生活必需品的供應鏈是否如大家過

去想的那樣安全。而迄今為止，情況似乎還算可以，這一點實在很幸運。

因為，無論是食物還是其他基本生活必需品，如果我們的供應鏈並非如此安全，就可能會目睹整個國家失去穩定，對國家穩定帶來的重大風險也可能一直延續。不過還好，到目前為止，並未出現這樣的問題。

除了食物，醫療設備和PPE也是關鍵物品。如上所述，我預期，我們將來可能會推行適用於醫藥供應鏈的監管規則或者財政激勵政策。因為這些物品的短缺會對社會造成極為嚴重的影響，關注國家安全的專業人士不太可能會視而不見。

供應鏈意識

新冠肺炎大流行的一個重大影響就是，人們更加了解供應鏈了；而且似乎更不可能減少食物、紙製品、清潔用品和其他生活用品的「家庭庫存」。換言之，我們會在家中囤積更多的東西。

有一首關於哈伯德大媽（Mother Hubbard）和她櫥櫃的古老童謠，你可能還記得，其中說道，她的櫥櫃裡空空如也。[1]

因為過去太容易得到食物，所以一般人完全不擔心儲藏室裡有沒有東西。說到底，如果你能在20分鐘內買到需要的任何食物，你自然不會在乎儲藏室裡是不是空空如也。

但新冠肺炎大流行期間，我們發現，就在儲藏室見底的時候，

---

[1] 這首童謠原文第一段是：「哈伯德老太婆，首先她的櫥櫃裡，要給那隻可憐的狗狗，拿一根骨頭；等她到了那裡，櫥櫃裡卻空空如也，而那隻可憐的狗狗，也就沒有骨頭可啃。」── 譯者注

食物供應鏈居然也同時告急了；而且，我們又不得不在家裡待上很長一段時間，這更加速了這個問題的嚴重性。於是，人們開始急急忙忙地填滿儲藏室，因為家庭庫存不足，而且他們預計，隨著食物的替代來源（例如餐館）庫存告罄，食物需求量還會進一步增加。這也是造成食物和紙製品供應出現長鞭效應的一個原因。

食物供應鏈，當然還有紙製品供應鏈，都從居家消費和外出消費相結合的模式，轉變為只能居家消費模式。但是這裡沒有儲糧，沒有房子背後的儲藏室。家家戶戶的「哈伯德大媽儲藏室」都是空的，情況迫在眉睫。

與此同時，紙製品和食物從外出消費與居家消費相結合的模式，轉向幾乎清一色的居家消費模式。將來，我們需要更安全的供應鏈；新冠肺炎疫情過後，人們是否不會再允許儲藏室「空空如也」？

我們拭目以待。

預期事項一覽

我在本章與大家分享一些預測，它們似乎是合情合理的未來主義者思想。畢竟，我們現在因為新冠肺炎疫情而看清了幾個問題。但我們也知道，驅動變革的基本動力很可能會受到一些基本因素的影響：

——**想得到食物。**
——**想在醫療保健方面有所保障。**
——**只有得到讓人安心的食物和醫療保健時，社會才能正常運轉。**

因此我相信，為了加強今後的供應鏈結構，我們將會看到政府進一步端出一些財政激勵或者監管激勵措施。

11

未來的媒體

成為「怪物」的媒體

新冠肺炎疫情放大各個產業的弱點，讓大家看到其中存在的問題，媒體，包括社群媒體也同樣如此，對於有關新冠肺炎疫情的新聞和網路貼文的反應並不是什麼好兆頭。

而這主要是因為錯誤共識效應（false consensus bias）。

有一段時間，社交媒體一直在培育錯誤共識效應，即所謂你相信的就是大家都相信的。

基本上，如果你堅信自己的觀點就是大家的共識 —— 雖然實際上只有少數人贊同，就是錯誤共識效應。在社群媒體上更容易發生這種現象，舉個例子來說明：即使在臉書上只有幾個人表示贊同你的意見，但是社群媒體訂閱源會優化這些交互資訊，從而優化個別資訊源，即所謂的資訊個性化管理，會讓人有一種「大家都同意我」的感覺。或者，更具體地說，這種思維模式就是只要你和你的朋友相信那是真的，它就是真的。

新冠肺炎疫情一直是媒體關注的焦點。開始時，人們並沒有充分了解情勢；其實從某種程度上來說，至今我們仍然未能完全理解這次疫情。

根據資料來看，疫情一直在不斷地變化和發展。而且，這種變化並不是憑空自然發生的，而是在主觀現實主義日益增強的背景下發生的。

很多對事件重要性和真相的看法是出於高度個性化的理解，因為這些看法所依據的事實經過篩選，受到輿論偏見所操縱。這也是有些人認為我們處於「後真相時代」的部分原因。

社群媒體具有高度個性化的特點，除了具有其他作用外，也導致了地方主義與主觀現實主義的滋長。所以，儘管新冠肺炎疫情開始時的規模很小，但在後來發展成全球性的大規模流行病，病例數

呈指數式增長。

不同的媒體源以不同方式報導疫情，觀眾和各大社群媒體對疫情的理解也有所不同。而且人們不知道某些媒體的可信度到底有多少，這也增加了他們的疑惑。

雖然存在很多的未知數，但人們仍然爭先恐後地化身為新冠肺炎疫情的專家。畢竟，流行病的風險對社會如此重要，預言家、未來主義者、分析家、戰略家以及高階主管和政治家，都必須對這件事表達意見。

最近還有一些居心叵測之人，利用臉書和其他社群媒體對民眾實施一些政治干預和心理影響，這一點並不讓人感到意外。

畢竟，由於缺乏真實資訊而造成的一些混亂，給了錯誤資訊可乘之機，人們開始偏向主觀主義並對其他資訊產生懷疑。

媒體一直信奉「流血的新聞就是頭條」原則。他們認為，一個故事越是陰森恐怖，或者越是令人震驚，越是殘忍可怕，其價值就越高。說起頭條，還有什麼比一場疾病是從一個野生動物市場開始的消息更令人震驚的呢？讓西方觀眾目睹這個市場的畫面，包括那些從未見過的、可能莫名其妙地造成這場新冠肺炎流行的野生動物，確實更能讓媒體證實這一原則的「正確性」。

早在有真實資料表明新冠肺炎疫情風險將會非常高之前，有些人就已經高度重視它可能帶來的風險了。然而，即使在我寫下這些文字的這一刻，仍然有許多人並不認為當前形勢十分嚴峻。

這就是錯誤共識效應帶來的後果。

而且，這也絕不會是錯誤共識效應最後一次在緊急關頭抬頭。我預期，主觀主義真理（subjectivist truth）、主觀現實主義（subjectivist realities）、地方主義（subnational identity）和超個

人化資訊（hyper-individualized information）的輸入，都會在將來進一步導致更多毫無根據的懷疑主義問題。而每當發生這種情況時，都可能帶來嚴重的後果。

展望新冠肺炎疫情後的未來媒體，我無法樂觀。民族認同感越是薄弱，被有心人士利用的風險就越大。有心人士不可能馬上減少，因此，這將是對社會凝聚力的長期考驗。

與其他領域一樣，新冠肺炎疫情已經揭開一些隱藏在表象之下的東西，如潛在的共識效應、心理戰（psy-ops）風險與主觀主義真理等。從媒體（包括社群媒體）的角度看，這些隱藏在表象之下的東西沒有任何積極意義。

12

未來的國際關係

中美之間的緊張關係

　　新冠肺炎疫情將對國際關係產生巨大影響。美國與中國於2018年初爆發了貿易戰，並一直持續整個2018年和2019年，雙方關係十分緊張。直到現在，美國仍然沒有解除對從中國進口的部分產品加徵關稅的政策。

　　現在，隨著新冠肺炎疫情全球爆發，有關新冠病毒如何傳播的爭執進一步加速了局勢緊繃。

　　川普總統仍然堅持稱呼新冠肺炎病毒為「中國病毒」，這表明兩國關係仍然十分緊張。而且，以最近的局勢發展來看，美國與中國在經濟、政治和軍事方面的競爭似乎不太可能有所緩和。

　　事實上，兩國之間的關係本就日益嚴峻，而新冠肺炎疫情似乎又在上面撒下了不和的種子。

　　新冠肺炎是一次全球性的疾病。從國際關係的角度來看，這一事實十分棘手。它會帶來極大的負面影響，包括在疾病、痛苦、死亡和經濟衰退等方面對人類的影響。

　　但是，如果新冠肺炎疫情只發生在一個國家，這個國家的地緣政治立場將面臨巨大挑戰。例如，只有美國爆發新冠肺炎疫情的話，從美國的角度來看，要控制疫情將會更加困難，而這樣的風險將影響社會和經濟的穩定，同時不利於美國在世界上的地位與影響力。換言之，如果其他國家未受影響，新冠肺炎疫情會對唯一遭受波及的國家產生不對稱的負面地緣政治影響。

　　或許正是這種風險認知，讓美國和中國之間磨擦不斷，有些人甚至認為，這種病毒是在中國武漢爆發之後才會在全球傳播的。

　　這樣的言論，即使是在新冠肺炎疫情過去之後，仍會帶來負面影響，各國也許會改變資訊管理方式以消除這種負面影響，這可能會給各國之間帶來信任危機，尤其是面對像新冠肺炎疫情這樣的關

鍵問題時。簡言之，各國之間可能不再相互信任。而信任是國際關係的重要基石。

如果失去信任，兩個重要大國之間便無法積極發展良性關係。而最近，新冠肺炎疫情持續蔓延，國家間的信任似乎已經出現危機。

在全球範圍內，醫療供應鏈中存在的問題也暴露了出來，而對於美國人民來說，這是一個會影響到安全的真正威脅。根據過去總統對加徵關稅的「偏愛」來看，似乎新一輪提高關稅的舉措將接踵而來。早些時候，為加強國內金屬材料產品供應鏈的建設，美國曾動用「232 條款」，對進口的鋼和鋁加徵關稅。現在，為了防止新冠肺炎疫情引發供應鏈問題和經濟混亂，美國很有可能會以同樣的方式，對醫療設備加徵關稅。

別忘了，關稅是總統可以單方面決定的。我曾在《中期經濟》（Midterm Economics，2018）一書中深入探討過這一點。在這種情況下，如果川普連任總統，他可以以關稅為手段，改變美國醫療設備和 PPE 的供應鏈，讓製造這些物資的關鍵材料都在美國國內生產；當然，他也可以在 2020 年的總統大選之前就這樣做。當前，美國與中國之間的緊張關係很可能會導致全球供應鏈的重塑，讓更多製造業撤出中國。

這可能會加速兩國的局勢緊張。儘管未必讓美國和中國進入「備戰」態勢，但仍然可能成為進一步損害兩國關係的潛在因素，並導致更為嚴重的後果。[1]

當前，除了最直接與貿易和製造業相關的就業問題，某些製造業公司還可能面臨與美國終端市場長期隔絕的風險。所以，它們也

[1] 見 Graham Allison 所著，"Is the U.S. for War with China? and Chris Graig, "Thucydides's Trap?"，p. 67。

可能會重新規畫自己的供應鏈，增加在美國或者北美地區的生產。

　　這意味著，一旦新冠肺炎疫情過去，更多的材料與貨物或許會在美國生產。而在經濟超級大國「代理人戰爭」持續的情況下，美國與中國之間的緊張形勢將會越演越烈。

13

未來的國家安全

威脅國家安全的因素已經改變

　　新冠肺炎疫情以各種各樣的方式，突顯出我們的社會、經濟和國家安全等各方面公開的祕密，和被忽視的風險。

　　從國家安全的角度看，新冠肺炎疫情向我們證明國家邊界的重要性，展示過分薄弱的全球供應鏈會帶來的風險，以及在藥品供應、醫療設備、生活必需品和 PPE（包括手套和口罩）方面依賴全球供應鏈的潛在風險。

供應鏈帶來的國家安全風險

　　庫存量過低、供應鏈過長，為美國的國家安全帶來了風險。我在第 10 章中已經說過，大部分企業供應鏈中的庫存量都非常少。這種低水準的供應，就跟與貿易夥伴之間的地理距離過長一樣，也將帶來風險，因為它會造成商品在訂購與接收之間出現時間差。

　　正如我們所看到的，這對醫療設備和 PPE 來說非常關鍵。在美國，與金屬材料相關的貿易問題確實曾引發國家安全問題，這也是美國對鋁和鋼實施 232 條款關稅的關鍵原因。此外，還有強調另一種美國國家安全風險的 301 條款，即中國對美國智慧財產權的威脅。

　　而現在，因為新冠肺炎疫情，醫療設備和 PPE 也進入了熱門產品清單。這會進一步加速中美貿易戰。過去，人們並不認為缺乏這些物品會存在風險；但現在，美國兩黨可能一致認為，缺乏這些物品會危及國家安全。

　　換言之，美國的民主黨和共和黨現在可能都注意到了，掌握一些關鍵產品，包括作為材料的金屬，作為衛生保健產品的 PPE，以及食品、紙製品等，將能有效維持國內秩序。換句話說，當產品來自一個地理位置遙遠、無法迅速到達的國家時，維持供應鏈的安全穩定就很困難。

媒體現在也對此投入更多的關注，即更多的新聞報導、有更深度的討論空間。所以，為了確保關鍵醫療設備、醫藥、PPE、食品和紙製品的穩定供應，保護美國人民未來的生命安全，並盡力減少美國經濟在面臨下一次大規模疫情時遭受潛在的破壞，我們很可能會在不久的將來看到民主黨和共和黨不計前嫌，攜手合作。

畢竟，我們需要減少新冠肺炎在美國的傳播並壓平曲線[1]的重要原因之一，就是我們沒有足夠的醫生、護士、醫院、呼吸器、手套、口罩或者其他裝備。只有掌控住這些資源，才有可能在未來保護美國經濟和人民。

受到利用的風險

COVID-19 疫情也進一步顯示，美國在類似的大流行事件可能受制於人。也就是說，只要將美國作為傳染病目標，就能嚴重威脅我們的國家安全；換個角度，如果美國欺騙大眾只要能壓平曲線就好，也有可能帶來風險，因為事實不一定如此。

這個風險說明美國公眾在面對媒體（包括社群媒體）資訊時的脆弱，以及有人在背後操縱有效的、無效的話題的可能性，就是我在 11 章提到，關於心理戰和主觀主義真理部分討論的內容。

簡言之，從國家安全的角度看，美國政府很可能希望更堅定地促進科技、醫療保健、食物、日用品和其他重要資源供應鏈的發展，以保證國內能夠盡可能長期保持物資穩定供應。而且，新冠肺炎疫情也顯示，如果美國再受到一次類似大型傳染病的生物戰襲擊，遭

[1] 壓平曲線：指盡力將感染率降到最下面，不讓病毒在短期內迅速爆發，出現醫療崩潰的一種方法。

受的損失將不僅僅是經濟的破壞。

如果我們的「對手」想要實施這樣的襲擊，他們可以用社群和傳統媒體作為輔助，以達到讓美國經濟遭到最大程度的破壞和政治動盪的目的。這種方式可能會讓整個國家迅速陷入徹底混亂。

這些風險聽起來過於極端。但我們確實經歷了食物的短缺，也看到民眾不得不在家隔離避疫。

在政策方面，聯準會正大規模擴張資產負債表，金額可能高達 4 萬億美元。財政刺激政策《新冠病毒援助、救濟和經濟安全法案》涉及 2.3 萬億美元的全面性方案。

這些政策本身就可以清楚地說明，未能事先做好準備的代價是何等巨大。

我們是否曾經考慮生產更多的呼吸器、口罩和手套，培養更多的醫生和護士？與為防止經濟崩潰可能需要的 6 萬多億美元政策支持相比，這些事情所需的成本只不過是九牛一毛。

很可能，這些是在外交、國際關係和國家安全領域工作的人不會去考慮的問題。

NOISE框架

當我考量新冠肺炎疫情對國家安全的重要性時，我定義出「NOISE 框架」，用以分析一些與國家安全和政治穩定有關的關鍵因素。

以下即是 NOISE 框架中與國家安全和政治穩定有關的五大關鍵因素：

必需品（Necessities）——食物、水、能源、住所、安全
職業（Occupations）——工作崗位、行業和業餘嗜好

資訊（Information）——獲得準確、完整的資訊

系統（Systems）——財政、醫療、交通、教育

對外因素（External）——國際關係、軍事、供應鏈、貿易

正如你所看到的那樣，**第一是必需品**，這當中包括了食物、水、住所和安全。如果得不到這些，就很容易出現政治動盪。

如果能夠保證必需品，國家或者經濟就有可能保持平穩運行。在新一波的新冠肺炎疫情中，人們開始煩惱起安全和食物問題。維持供應鏈、基本服務以及公共事業（如能源與自來水）穩定變得非常重要。

第二是職業。這種說法源於一個理念，即是人都需要找事來做。退休了之後是否可以無所事事？當然可以。但從國家層面來看，我們需要工作、放假和嗜好，不能不事生產。

俗話說，「遊手好閒是罪惡的染缸」。人需要有個穩定的工作，這在新冠肺炎疫情爆發期間成了一個關鍵問題，因為誰都不想被迫「居家避疫」。一些人還可以繼續工作，但也有一些人擔心他們會丟掉飯碗，這就是《新冠病毒援助、救濟和經濟安全法案》如此重要的原因。即使當下無法工作，他們也需要確定，在疫情結束之後，能有很大的機會找回工作。

第三大因素是資訊。資訊並非意見。真實的資訊是維持秩序並讓人保持冷靜，讓整個社會的共同利益保持一致的關鍵。我在「資訊」一項中加入了共用「準確、完整資訊」的說明，以區別錯誤資訊、假訊息、心理戰、被個人意見冒充的事實以及主觀主義真理，因為事實應是客觀的。

第四項是系統。國家的安全依賴於一些關鍵系統的正常運作，

包括財政、醫療保健、交通和教育系統。而這些系統在新冠肺炎疫情期間都遭受不同程度的破壞，或者存在被破壞的風險。

　　影響國家安全穩定的第五大因素是對外因素，包括國際關係、武裝力量及軍事布署能力、全球供應鏈和貿易。幸運的是，國際關係和武裝力量等核心元素還沒有遭到疫情的破壞。[1] 但全球供應鏈和貿易受到了嚴重影響。

　　通過條列化 NOISE 框架，我們可以輕易看出，新冠肺炎疫情是如何以各種方式，真實地威脅國家安全和政治穩定。這些風險讓我們清楚地看到以下各項措施的必要性：聯準會採取重大措施支持信貸市場；聯邦政府通過了 2.3 萬億美元的《新冠病毒援助、救濟和經濟安全法案》以保證就業；由來自白宮與川普政府的官員領導主持每日疫情簡報會，直接與大眾分享有關新冠肺炎疫情的資訊。同時也說明為何將來可能會修訂相關供應鏈的監管法規，特別是與醫療器械等設備、藥品和 PPE 相關的法律法規。

　　新冠肺炎疫情將美國的國家安全推向步步崩潰的邊緣。但目前我們仍然穩住陣腳，皆是因為迅速採取眾多相關重大措施。

　　但這不會是最後一次出現這類風險，因此，在風險發生前做好防範，未雨綢繆，是規避風險的關鍵。下一次出現的風險未必出於偶然，而有可能是攻擊目標。我認為，在未來許多年裡，關於國家安全，我們需要重點關注的是，為了預防和應對新冠肺炎疫情這類極端事件而加強的戰略準備工作。

[1] 指作者寫作本書之時，即 2020 年⋯⋯月時的狀況。根據美國約翰霍普金斯大學的統計，截至 2020 年 7 月 1 日，全國印人患思 18,071 例確診病例，其中 58 人死亡。⋯⋯相關的⋯⋯數對疫情發生及之類事件的⋯⋯。——譯者注

生產型企業和國家安全

此次新冠肺炎疫情，不僅突顯國家安全風險，還有與國家安全相關的企業被擾亂的風險。

有些生產與國家安全相關產品的企業，如飛機製造商或是飛機零件製造商等，面對航空旅遊業的不景氣，也面臨巨大的經濟與商業挑戰，處境艱難。

儘管這只是新冠肺炎疫情帶來的次級影響，但事關國家安全，影響重大。展望未來，國家安全組織需要更積極地監測重要供應商可能面臨的經濟與商業風險。無論是大型上市企業，還是為國防工業提供關鍵材料的初創企業，這一點都非常重要。

未來，政府如何應對這些風險還有待討論和研究。但有一件事似乎無庸置疑：即使這些與國家安全相關的企業沒有大到不能破產，它們也可能是重要到不能破產。

MEMO

14

未來的政治

經濟態勢將影響美國大選結果

在本書出版之際，我們還無法確定新冠肺炎疫情的防控措施仍需保持多久，但有一件事極有可能發生：如果人們繼續密切關注疫情並採取嚴密的防範措施，選舉投票將會是一件十分困難的事情。

就 2020 年的美國大選而言，經濟、新冠肺炎疫情、國家安全和其他相關主題很可能會成為競選中的重要議題，將影響人們的投票意願。

無論如何，有一件事將直接影響的投票率，即人們是否仍然非常擔憂新冠肺炎疫情。

如果人們對新冠肺炎疫情的憂慮持續下去，可以預見，許多人將「缺席投票」[1]。而統計缺席選票將需要更多的時間，這就給大選帶來了許多不確定性與風險。

事實上，確定選舉結果所需的時間越長，大選為經濟規畫和金融市場帶來的負面影響可能就越大。

如何投票

在投票現場使用電子投票，可以當場統計結果，但缺席投票則不同；當然，還有比缺席投票中的郵遞投票更快的方式，比如遠端電子投票。

人們可以透過手機簡訊或者電腦進行遠端投票。當然，這也有許多麻煩，因為有些人可能沒有智慧型手機或者電腦，而是否擁有這些設備不應該影響一個人的投票資格。

當然，更麻煩的是，改用遠端電子投票絕對不是一件容易的事，

[1] 缺席投票：意稱「不在籍投票」，是指無法現場投票者提前或者以其他途徑投票方式。因其投票方式多元，缺席投票，包括代理投票、特設投票站投票、移轉投票等。

尤其對於像美國這樣的大國來說，開發並運行這種系統很可能耗資巨大。而且，審核制度也需要作出相應變化，包括取得資料的許可。資料的安全性，如何準確計票、確保系統穩定運行和選舉紀錄不被篡改等，都將面臨挑戰；在這些問題解決之前，我們可能無法啟用遠端電子投票系統。換言之，在疫情中，我們可能根本無法做好如此繁雜的準備。

遠端電子投票與實施多年的缺席投票形成了鮮明對比。由於後者不需要新技術平臺或者新系統的支援，所以這一次使用它的人數可能會創下歷史新高。

幸運的是，缺席投票並非新事物，它已經存在很長一段時間了，並且使用於許多場合。事實上，自 1997 年以來，德克薩斯州的居民就可以場外投票了。

這並不是說，我們不應該嘗試改進投票方式，或者說我們不應該嘗試網際網路投票這種方式，這當然是值得探討的，但我們需要更多時間來做準備，同時還需要大筆預算。在 2020 年的美國總統選舉中，讓大部分人使用熟悉的方式來投票不失為權宜之計，而且似乎是解決燃眉之急的最佳選擇。

從長期來看，新冠肺炎疫情的嚴峻形勢將推動網際網路投票的發展。美國的政治家或許會開發一種遠端投票方法，這樣，一旦未來局勢動盪，他們便可以對議會的議案實施遠端投票。

大選結果的決定性因素

經濟很可能成為影響 2020 年美國大選的關鍵因素，和過去相同的是，正如我曾在《「垃圾箱大火」選舉》一書中所指出的那樣，經濟會影響總統選舉的結果；我也在上一本和選舉相關的書《中期經濟》中，提出類似觀點。

最重要的是，美國就業市場的形勢，尤其是失業率的變化，將對總統大選產生直接的影響。

選舉週期性

從歷史來看，自 1854 年以來，總統選舉的時間與經濟衰退起點之間存在著某種聯繫。

在分析選舉週期時，我最關注的是經濟衰退的起點，因為美國當前的週期性經濟擴張已經持續了 10 年之久，也就是說，從 2009 年 6 月的大衰退結束時便已經開始，是美國歷史上最長的一次。

但正如我過去在《「垃圾箱大火」選舉》一書中警告的那樣：「這並不表示它會永遠延續下去。」

所以，評估下次衰退可能發生的起點十分重要。過去，在研究經濟衰退起點的時候，我發現某種「選舉週期性」，就像是一種巧合，衰退總是和總統選舉有關，這種選舉週期性主要有兩個特徵。

第一個特徵是選舉－衰退窗口，即經濟衰退總在總統選舉前後開始。

經濟大恐慌以來發生的衰退大都符合這一特徵，只有一次例外。

第二個特徵是經濟增長與總統任期有關，相關數據表明，在三屆總統任期後，一定會出現經濟衰退的情況。

這一點從 1854 年，美國開始記錄經濟及其衰退資料後，無一例外。

選舉-衰退窗口

經濟衰退的起點通常發生在一個很短的時間階段裡，總是出現在總統選舉前後，我把這段時間稱為選舉 - 衰退窗口。

如果回顧 1854 年以來發生的所有獲官方承認的衰退，我們就會發現：實際上，自 1928 年以來，選舉 - 衰退窗口便一直在縮小。換言之，從經濟大恐慌起，衰退的起點就越來越接近大選。而且，自 1928 年以來，只有一次衰退不是發生在總統選舉的前 11 個月或選舉後的 13 個月。這段時間是選舉 - 衰退窗口的關鍵期，而現在，我們進入這個視窗期已經好幾個月了！

經濟增長下的任期上限

的確，在某些選舉 - 衰退窗口內並沒有發生經濟衰退的情況，但從來沒有出現過連續三屆總統任期內，經濟都不衰退的情況，從來沒有。

自 1854 年以來，歷史上沒有出現衰退的總統任期，最長為兩屆，從無例外。我們可以將其視為經濟增長下的總統任期上限，這就是選舉週期性的第二大特徵。

正如我在 2019 年 6 月出版的《「垃圾箱大火」選舉》中所指出的：「這意味著，如果從整個美國經濟週期的歷史發展來看，我們很可能在川普這個任期結束之前，見證下次經濟衰退的開始。」

根據目前我們所知新冠肺炎疫情對經濟的衝擊及潛在影響來

看，選舉週期性和選舉 - 衰退窗口的發展趨勢似乎得到了證實。

失業率的重要性

在美國歷史上，只有 12 位總統未能連任，最近 100 年來只有 3 位，即卡特（Jimmy Carter）、老布希（George H. W. Bush）和 胡佛（Herbert Clark Hoover）。此外，一些人認為福特（Gerald Rudolph Ford）總統也算做一屆，他接替尼克森（Richard Milhous Nixon）出任總統，在競選連任時失敗。

上述四位總統，連任選舉前一個月的失業率，都高於期中選舉 年的 11 月分失業率。自 1930 年以來，其他總統的第一個任期內從 未發生過這種情況。

除了胡佛任內，這些失業率增長情況都可以在表 14-1 中看到。 至於胡佛時代，失業率在經濟大恐慌期間瘋狂飆升，從期中選舉年 1930 年年底的 3.2%，上升到總統選舉年 1932 年年底的 16.9%。

政治棋盤和搖擺州[1]

2020 年的大選也和歷屆大多數大選一樣，選舉人票[2]的地理棋 盤早在真正投票之前就已經確定，那些主戰場上的搖擺州對於總統 選舉的結果具有重大的影響。

當然，根據我們之前的分析，有一件事可能會撼動搖擺州甚至 整個選舉結果，那就是失業率，就像表 14-1 中的資料暗示的那樣。

[1] 搖擺州：美國總統選舉的特定說法，指競選雙方勢均力敵，都無明顯優勢的州，在歷屆 大選中經常會倒向不同的政黨，頻頻搖擺。
[2] 選舉人票：美國大選中，根據每個州在國會中的參議員和眾議院席位總數的多少，而擁 有數目不同的選舉人票。

[表 14-1] 經濟資料變化[1]

經濟指標	期中選舉年時任總統	杜魯門	艾森豪	艾森豪	甘迺迪/詹森	詹森	尼克森	尼克森/福特	卡特	雷根	雷根	老布希	柯林頓	柯林頓	小布希	小布希	歐巴馬	歐巴馬
	期中選舉年	1950	1954	1958	1962	1966	1970	1974	1978	1982	1986	1990	1994	1998	2002	2006	2010	2014
住房狀態	期中選舉月(11月)				1622	961	1647	1026	2094	1372	1623	1145	1511	1660	1753	1570	545	1001
	下屆總統選舉前月分(10月)				1524	1569	2485	1629	1523	1590	1522	1244	1392	1549	2072	777	915	137
	變化					608	838	603		218		99			319		370	326
工業生產	期中選舉月(11月)	3.4	-0.1	0.7	1.1	2.5	-2.4	-2.5	3.3	-3.3	0.9	0.1	4.4	3.2	3.1	1.6	4.8	3.8
	下屆總統選舉前月分(10月)	1.8	0.7	0.8	1.3	2.0	4.3	3.0	-1.7	2.9	1.9	1.9	3.8	2.4	3.2	-7.4	1.8	-1.3
	變化		0.8	0.1	0.2		6.7	5.5		6.2	1.0	1.8			0.1	2.0		
失業率	期中選舉月(11月)	4.2	5.3	6.2	5.7	3.6	5.9	6.6	5.9	10.8	6.9	6.2	5.6	4.4	5.9	4.5	9.8	5.8
	下屆總統選舉前月分(10月)	3.0	3.9	6.1	5.1	3.4	5.6	7.7	7.5	7.4	5.4	7.3	5.2	3.9	5.5	6.5	7.8	4.9
	變化							1.1	1.6			1.1				2.0		
汽車銷售量	期中選舉月(11月)								15.5	12.0	14.8	13.1	15.9	16.1	16.5	16.7	12.3	17.2
	下屆總統選舉前月分(10月)								11.4	14.6	15.2	13.7	15.3	17.5	17.5	10.9	14.8	18.2
	變化									2.6	0.4	0.6		1.4	1.0		2.5	1.0
實際GDP	期中選舉年增長率	8.7	-0.6	-0.7	6.1	6.6	0.2	-0.5	5.6	-1.9	3.5	1.9	4.0	4.4	1.8	2.7	2.5	2.6
	總統選舉年增長率	4.1	2.1	2.6	5.8	4.9	5.3	5.4	-0.2	7.3	4.2	3.6	3.8	4.1	3.8	-0.3	2.2	1.5
	變化		2.7	3.3			5.1	5.9		9.2	0.7	1.6			2.0			

[1]U.S. Bureau of Labor Statistics,Unemployment Rate,[DB/OL],FRED,Federal Reserve Bank of St. Louis,(2020-4-1),https://fred.stlouisfed.org/series/UNRATE.

2020年美國大選

就業形勢對經濟很重要，這是合理的，它一直都非常重要！而在 2020 年，就業形勢很可能也會對大選產生重大的影響。2018 年 11 月美國的失業率為 3.7%，接近歷史最低水準，雖然難以保持，但在 2020 年年初，一般人多認為，失業率會在 2020 年 10 月之前繼續保持較低的水準。

然而，新冠肺炎疫情顛覆了這一預期，讓失業率急劇上升，現在看來，到 2020 年總統選舉時，失業率很有可能會遠遠超過 2018 年 11 月的水準。

初步來看，新冠肺炎疫情對美國的失業率具有重大影響，在 2020 年第二季度開始時就已經達到駭人聽聞的水準。而且，我進一步預估，失業率或者說失業人數居高不下的情況，很可能會持續整個 2020 年甚至更久。

事實上，根據我所建立的模型分析，至少在兩年半的時間內，失業率可能都會一直居高不下，無法回到疫情之前的水準。

從過去一個世紀有關失業率與總統選舉的歷史資料來看，它的快速攀升將降低川普連任的可能性。

在變與不變之間

在 2020 年的美國大選中，有些事情將發生變化，而有些將保持不變。正如你在本章讀到的那樣，經濟形勢會直接影響投票結果，2020 年很可能仍然如此。

在這次總統選舉中可能會發生一些重大變化，比如兩黨很可能會在貿易與供應鏈的風險、與中國有關的國家安全問題，以及新冠

肺炎疫情後的財政赤字和經濟發展等更多問題上達成共識。

　　當然，對於應該採取哪些措施來刺激經濟並幫助經濟恢復，候選人的意見可能有很大的分歧。但《新冠病毒援助、救濟和經濟安全法案》得到兩黨一致的支援，而且隨著民眾失業風險的上升，兩黨不再奉行財政保守主義。

　　我寫這本書時，新冠肺炎疫情引發的經濟倦怠對社會的影響尚未完全顯現；考慮到我們現在所處的特殊歷史時期，其結果也可能非同尋常。不過，如果經濟持續倦怠，它對川普連任總統將產生不利影響。

MEMO

15

未來的領導力

領導力越來越重要

未來將與現在不同。其中很重要的一個變化，就是人們的工作方式。

這一系列持續的變化（它們可能會加速進行）就是「未來的工作」。作為一個領導者，你需要知道會發生哪些事情，以及你如何對此展現領導力。

新趨勢將迫使你必須具有強大的領導力，成為你工作中更重要的一部分，尤其是你想在變化越來越大、地理分布越來越廣的公司晉升的話。

近年來，遠端辦公的人數正在快速增長，這是一個很重要的發展趨勢。事實上，從 2005 年到 2015 年，遠端辦公的人數成長超過一倍。而且，這種增長還沒有緩和的跡象。事實上，它很可能還會加速。

2009 年，我在創辦威望經濟公司時，對它的辦公定位就是遠端辦公，我們沒有設置辦公室，當時有些人認為我瘋了。我知道，對於有些認識我的人來說，哪怕我告訴他們我要加入馬戲團，他們也不會如此吃驚。

但僅僅 10 年之後，在 2019 年，就有 30% 的工作轉向遠端辦公模式。而且，在美國，有 54% 的工作，每個月至少會涉及一次遠端辦公。[1]

這聽起來可能很多，但與我預期會在未來看到的數字相比，仍然相當低。

遠端辦公好極了，它讓你在工作方式、工作時間和工作地點上有更加靈活的選擇。不過，你無法與你的同事、經理和客戶面對面

[1] 2020年1月12日檢索自https://www.owllabs.com/state-of-remote-work/2019.

接觸，這可能會影響工作效率。而彌補這一點的唯一方法，就是做一些有影響的事，做一些人們看得見的事。

把工作做好很重要，這永遠是頭號任務。但這確實還不夠，特別是你想要在一個員工越來越分散的環境中有所提升的話。

你是否曾聽過「要想做有影響力的人，就得做有影響力的事」這句話？沒錯，這就是關鍵！

你需要以一種積極的方式展現自己。你需要將你所知道的東西傳達給那些被空間與時間分隔開來的人們 —— 比如那些與你相隔幾個時區的人。

現在，樹立你作為一名領導者的影響力，不僅僅只是為了當前；正如你看到的那樣，這將成為在未來取得進步與成功的必備素質。

或許，這是新冠肺炎疫情下，遠端辦公的經驗帶給我們最重要的職業認知之一。

也就是說，你需要具備有效的遠端領導力。

MEMO

16
未來的旅遊業
旅遊業的「凜冬」將至

在新冠肺炎疫情的影響下，旅遊業遭嚴重打擊，而且很可能會在這整整一年中一直受到影響，甚至可能會持續更長時間。

這一切都始於一個問題：在新冠肺炎疫情消退後多久，你才會願意前往拉斯維加斯的賭場？或者去奧蘭多參觀主題公園？

你對類似問題的答案，會在接下來的一兩年內，對旅遊業產生巨大影響；當我們展望未來時，必須考慮新冠肺炎疫情對旅遊業的未來產生何種影響。

對於旅行的方式、目的地和在這種特殊形勢下可能出現的新趨勢，我們又會有什麼樣的預期呢？

讓我們一起深入探討吧！

對旅遊城市和相關經濟帶來的風險

今明兩年[1]，新冠肺炎疫情帶來的風險和負面影響很可能集中在拉斯維加斯、奧蘭多、紐奧良等這樣的旅遊城市。

同樣的，這些負面影響也可能對其他旅遊業發達、會議需求密集的城市造成強烈經濟衝擊，如紐約（New York）、奧斯丁、休士頓（Houston）、聖地牙哥（San Diego）、阿什維爾等。

這種商機的喪失很可能會直接影響旅行社及其從業者。而且旅遊業的倦怠也可能給其他產業帶來次級衝擊，甚至還可能出現負面的三級衝擊。

事實上，旅行與商務會議的減少都可能對旅遊業產生深遠影響，也可能會對當地與旅遊相關的房地產市場產生負面影響。

這些負面的經濟影響一方面來自政府避免人群聚集的規定，另

[1] 今明兩年：即2020年和2021年。

一方面來自新冠肺炎疫情下人們可支配收入的減少。這些都可能會在未來一兩年，甚至更長時間內給旅遊業帶來消極影響。

強制宅度假[1]的影響

除了旅遊城市在短期內將面臨下降風險外，新冠肺炎疫情對整個旅遊業的中期影響更為複雜，前景不是很明朗。

有一些問題將決定局勢會如何發展。

例如，如果有了因為新冠肺炎疫情而不得不居家避疫的經歷，讓人們普遍適應了宅度假，會對旅遊業產生怎樣的影響？

說到底，如果他們真的願意這樣做，這可能說明，基於此次宅度假的良好體驗，今後有人會選擇就在家裡度假，而不願意去異國他鄉旅遊。

我無法保證一定會有這種情況出現，但這也不是我提出的一個假設，這是可能會出現在未來的一個結果。

對於一種新的經歷，可能會有人喜歡它，也有人厭惡它。

是的，有些人可能會喜歡上宅度假，這是一個相對較新的概念，這個詞的歷史還不到 20 年。自從宅度假出現以後，它就引領了一種新趨勢。

我試過，而且感覺還不錯。

但是，就像會有人享受這種強制宅度假一樣，也會有人對此深惡痛絕。也就是說，我們可能會看到，一些有過這次經歷的人，永遠也不想在家裡待這麼久了。

這樣來看，居家避疫的經歷說不定也會增加旅行和度假的需求。

對於宅度假，人們是喜歡多一點還是討厭多一點，將影響未來的旅遊需求。不過，人們對於這種經歷的好惡還有待驗證。

然而，無論對這種經歷的評價如何，有一點似乎是確定的：將來人們會更加注重保持社交距離。

或許要很久以後，這些影響才有可能消除。

在短期內，人們會避免參與節慶活動、狂歡派對、博覽會、音樂會和其他大型聚會，主題公園等擁擠的旅遊勝地也不再是度假時的首選。

所以，即使今年有出遊度假的計畫，他們也可能只會去一些人少的地方，讓社交距離更遠一點。

當然，這種情況可能不會發生在所有人身上。但我們考慮的不是個人的旅行選擇，而是在總體人口的層面上考慮這種選擇。所以，儘管有些人不在意新冠肺炎疫情的影響，但我們考慮的是就全體美國人民而言，有大多數人可能會改變自己的行為，至少在短期內，在新冠肺炎疫情帶來恐懼，讓人們不得不保持社交距離，並擔憂由此引發經濟問題的時候。

新冠肺炎疫情帶來的長期風險

新冠肺炎疫情除了對旅行需求產生影響以外，因為有些地區會不定時的出現一些感染者，讓一些城市也許會長期遭受影響。從根本上說，這種風險可能會讓各地政府發布「居家避疫」令和旅行禁令，從而導致限制旅遊活動的局面。

下個月可能是紐約。

下下個月可能是洛杉磯（Los Angeles）。

再下一個月可能是邁阿密（Miami）或者芝加哥（Chicago）。

與宅度假對旅遊業帶來的影響一樣，我們無法斷言，旅行禁令或針對新冠肺炎疫情而來的政策會給旅遊業帶來多大影響。一般認為，未來會有越來越多的人遠端辦公；還有，因為疫情而不得不在家接受線上教育，這或許會改變人們對線上教育的看法。與這兩項預期相比，解除旅行禁令和熱點政策的可能性更低。

可能會發生的情況

旅遊業的未來尚不明朗，我們需要考慮各種可能性。

但在說到旅遊時，有一些情況是非常清晰的。

首先，人們手裡得有可以支配的收入為旅遊付費。對個人和公司來說都是這樣；如果經濟持續下滑，用於旅遊的個人資金和商務資金都會減少。

當公司的資金流動放緩時，商務旅行部分會很快受到嚴格控制。這意味著，即使新冠肺炎疫情帶來的恐懼與相關風險消退，各個公司恢復商務會議，他們也不會那麼爽快地把錢花在沒有直接回報的商務會議上了。

其次，如果疫情後旅遊業的相關從業人員不再回歸，這個行業的狀況可能會特別慘澹。不過，就算從業者能夠回歸工作崗位，那些與旅遊業相關的公司（如航空公司）利潤率也會下降，即使是旅遊業復甦以後也無法馬上好轉。

畢竟，航空公司的最大利潤來自趕搭飛機的商務旅客，和商務艙及頭等艙的旅客。所以，當商務旅行的需求下降時，航空公司的利潤也會下降。

受到商務會議影響而盈利的行業也可能會受到影響，比如旅館。

　　總之，無論是個人還是公司，都不太可能在旅行這類可有可無的活動上花錢了，至少未來一兩年是這樣。

　　國際航班的商務艙機票利潤通常也極高，這也是長途航線競爭如此激烈的原因。但是，限縮的旅行政策降低人們對商務艙的需求；另外，伴隨著股市的暴跌，個人財富也大幅度縮水，這也減少人們對商務艙的需求。

　　國際航班會很快恢復正常這種想法，顯然過分樂觀。

國際旅遊業面臨的風險

　　即使不歇業，受到新冠肺炎疫情的影響，國際旅遊業的處境也可能會非常艱難。

　　在最近與高階主管的討論中，我們對於什麼時候才可以安全地出國旅行有不同看法。其中一個討論的焦點是：什麼時候可以前往歐洲等地方？

　　這裡的問題是：什麼時候你可以計畫一趟只需要兩週時間的歐洲旅行，而不是六週的呢？

　　換言之，什麼時候，當你前往歐洲時，不需要在到達目的地時強制隔離兩週，並且在回到本國時再次強制隔離兩週？

　　這可能需要好幾個月，也可能需要更長時間。

　　這樣的旅行實在是太浪費時間了。

　　對於那些經營個人國際旅行業務的公司來說，這將是一個問題。

　　不過，更重要的問題是，不僅國際旅遊業需要數月甚至更長時間才能恢復「正常」，而且在未來，國際航班旅行禁令的執行速度，很有可能會比在新冠肺炎疫情剛爆發時更快。

郵輪旅行需求降低的風險

郵輪公司在未來似乎會遭受嚴重的財務和業務問題。鑽石公主號郵輪爆發疫情時，我們就看到了這一風險。該郵輪是新冠肺炎疫情早期的爆發點之一。

歷史上，每當各種傳染病爆發時，郵輪公司總會遭受衝擊。

一般來說，郵輪是 C/P 值最高的旅行方式之一。畢竟你會去很多地方觀光旅遊，同時還能吃到各地美食。總而言之，乘坐郵輪旅行的高性價比，是人們近年來趨之若鶩的原因之一。

然而實際上，這種旅行方式讓人們進入一個相對擁擠的空間。而在新冠肺炎大流行的情況下，這些封閉的客艙提高感染風險，就像在新冠肺炎疫情爆發之初鑽石公主號上發生的事一樣。

展望未來，我們預估，人們對郵輪旅行的需求可能會大幅下降。

這種需求下降並不僅僅源於可支配收入的降低，也是多數人出於對新冠肺炎疫情的擔憂，而選擇保持社交距離導致的總需求降低結果。

職業變化的趨勢

對於旅行，新冠肺炎疫情還會帶來另一個潛在的重大影響 ── 經歷了這次疫情後，一些人也許會完全改變他們的職業方向和商務旅行方式。

簡言之，被迫減少旅行可能會讓一些商務旅行者改變職業、工作崗位和生活方式，以適應減少出差的情況。

我自己的生活就是這樣，曾經我幾乎永遠「在路上」；但由於新冠肺炎疫情，我被迫改變公司的經營方式。

如果我繼續這樣做，我個人的旅行哩程可能會大大減少；如果其他人的旅行哩程也有同樣的變化，社會整體的旅行需求也會跟著降低。

商務旅行者能給航空公司帶來更多利潤，如果他們大部分都減少了飛行，就會導致總飛行哩程需求減少，讓航空公司的飛行哩程也隨之減少，航空公司的利潤空間也就更小了。

我們也可以看到，由於新冠肺炎疫情，人們將更常採取遠端辦公與遠端通話等方式來討論或開會，而不是像過去那樣經常進行面對面的辦公室會議。

這麼做並不僅僅是為了節省費用，你說是吧？

這與通勤哩程的減少一樣。當通勤時間減少了，自然你花在通勤上的油費也少了，錢也就省下來了。但更重要的是，你也節省了時間 —— 如果你需要坐飛機前往各地開會的話，這種說法就更有道理了。

這不僅僅是需要花很多錢購買機票的問題。

往返路上所耗的時間和途中的壓力，也是大家都想避免的問題。

我知道，你可能會想：「我非常喜歡旅行啊。」但說老實話，商務旅行是完全不同的，大部分商人在提到商務旅行的時候都簡稱其為「走路」。

讓我告訴你吧，「走路」是一件苦差事。

旅遊業的未來

整體來說，短期內我們將看到人們的旅行方式有一些重大變化。因為對新冠肺炎疫情的恐懼和社交距離的新規定，以及個人可支配收入的下降和公司商務出差開支的縮減，人們對跨地區的旅行等休

閒活動的需求會有大幅度的下降。

　　大多數飛機的空間都比較狹小。出於對新冠肺炎的恐懼和遵守社交距離政策，我們會發現，航班需求減少的情況會持續相當長一段時間，儘管有一部分人早就迫不及待地想要到處走走了。

　　從長遠來看，人們對旅行方式的看法或許會發生改變，而這似乎會對旅遊業造成潛在的負面影響。

　　不過，也有與之相對應的情況發生。據說現在有一些人患上了「旅遊癖」，這些被「關」在公寓裡的人（尤其是那些居住在人口密集市中心區域的人），已經憋得快發瘋了，只要能出去旅行，不管到哪裡都成。

　　這可能是真的，但那些想要旅行的人很快就會發現，他們想去的很多地方現在根本沒有直飛航班。在這種情況下，短期內只能選擇自駕旅行，無法全世界地飛來飛去。當然，他們總會找得到地方可去。

MEMO

17

未來的 ESG 與永續性

環境保護倡議的增加

新冠肺炎疫情有可能影響 ESG[1] 和永續性投資者的計畫，和企業的長期戰略規畫。

新冠肺炎疫情期間，很多人都很關注中國的一些氣體排放量，尤其是二氧化氮的排放量，並用它來判斷疫情的影響範圍和時間。

新冠肺炎疫情在中國武漢爆發以後，中國實施大規模檢疫隔離措施，讓製造業幾乎完全停頓下來，溫室氣體排放也因此幾乎完全停止。

我提到這個話題是因為 ESG 投資者的相關要求急劇增加。2018年，無論是在美國還是世界其他國家或地區，投資者對此提出的要求都達到了有史以來的最高水準。如圖 17-1 和圖 17-2 所示。

此外，在 2018 年，投資者推動的目標和措施主要包括氣候變化（19%）、永續性發展（13%）、其他環境問題（7%）和政治活動（19%）。[2] 如圖 17-3 所示。如果我們將氣候變化、永續性發展和其他環境決議一起視為一種環境倡議，我們可以看到，在 2018 年，活躍型投資者提出的所有議題中，有39%（占大多數）與環境相關。

需要特別說明一點，我對這些決議不做任何價值判斷。我只想說明，這些與環境相關的決議在 2018 年投資者提出的決議中占了大多數，而且它們可能會漸漸成為一種共識。

在財政方面也會變得越來越重要。

[1] ESG：即Environmental（環境）、Social(社會)和Governance（治理）的縮寫，是一種關注企業環境、社會、治理績效的投資理念和企業評價標準。

[2]WELSH H. Social, Environmental & Sustainable Governance Shareholder Proposals in 2018[DB/OL].Securities and Exchange Commission, Sustainable Investments Institute. (2018-11-9) [2019-7-12]. https://www.sec. gov/comments/4-725/4725-4636528-176443.pdf.

簡言之，這些投資者通常是大型投資者，他們運用自己的股東權力推動企業在經營方式上的本質性變化。

而且，他們的環境保護倡議活動越來越多。事實上，從 2013 年至 2018 年，全世界收到投資者環境保護要求的公司數量增加了將近 54%。如圖 17-1 所示。

在美國國內，情況也是如此：自 2013 年以來，收到投資者環境保護要求的美國公司增加了 50% 以上，見圖 17-2。

展望財政金融的未來，我預期，隨著投資者越來越重視環境問題，受其影響的公司數量可能會繼續上升。

任何經濟學專業的大學生都知道，企業經常從那些不曾付出代價的事情中獲得利益。但這些事情其實是有成本的，只是這些成本不是公司承擔，而是普遍轉移給了社會，我們稱這種現象為「外部影響」，包括企業經營行為對環境的潛在消極影響，也可能是利用某些勞動者、社會活動或者政治行為上的低效率，從中獲得套利機會，取得巨額經濟利益。

因此，人們敦促企業為這些外部影響負責，也就不足為奇了。畢竟，這是大多數學習經濟學的學生最先學到的事。

但將外部影響完全歸咎於企業經營行為並令其賠償，很可能會減少一些公司的盈利。而這只是個開始。一些與我在能源領域有合作關係的企業已經收到信用評級機構的警告，它們的永續性發展目標（或者根本沒有這一目標）可能影響債券價格和加權平均資本成本（weighted average cost of capital，簡稱 WACC）。[1] 這可能會進一步影響這些企業的盈利能力、總價值、信用評級和股票價格。

[1] National Association of Corporate Directors.Exxon Board Targeted for Lack of ESG Oversight[EB/OL].(2019-7-12).https://tinyurl.com/NACDExxon2019.

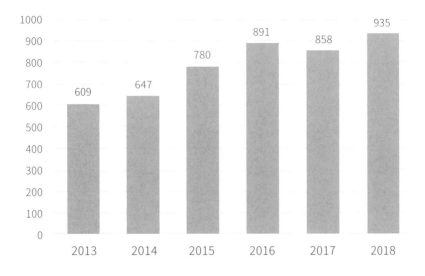

[圖17-1] 全世界收到投資者環境要求的公司數量

來源：Shareholder Activism in Q1 2019[R/OL] Activist Insight.[2019-7-12].https:// www.activistinsight. com/research/ShareholderActivism_Q12019.pdf.

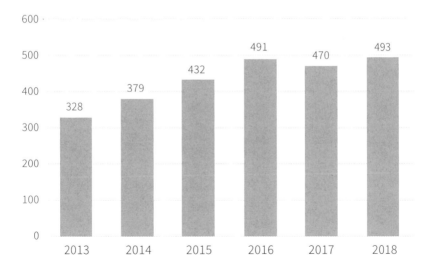

[圖17-2] 美國國內收到投資者環境要求的公司數量

來源：Shareholder Activism in Q1 2019[R/OL] Activist Insight.[2019-7-12].https:// www.activistinsight. com/research/ShareholderActivism_Q12019.pdf.

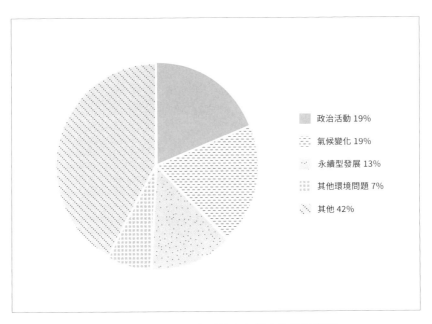

[圖17-3] 2018年活躍型投資者提交的決議類型

來源：WELSH H. Social, Environmental & Sustainable Governance Shareholder Proposals in 2018[DB/OL]. Securities and Exchange Commission, Sustainable Investments Institute.2018[2019-7-12]. 檢索自https://www. sec.gov/comments/4-725/4725-4636528-176443.pdf. ESG監督文件。

展望未來

　　將來，企業會越來越需要證明其可實現的永續性發展目標和其他 ESG 目標。如果做不到這一點，就得小心翼翼地看投資者的臉色了，它們的盈利能力和股票價格也可能受到很大的影響。

　　此外，在新冠肺炎疫情期間關閉生產設備和減少出遊，如開始遠端辦公和線上學習，減少旅行，使得溫室氣體排放減少的現象可能會啟發投資者，呼籲這些在疫情期間實施的措施成為常規。

　　如果某家公司想要表現自己，就應該更加注重環保，而最好的
辦法便是採取以下行動：

　　——減少公司員工的通勤燃料消耗。
　　——減少公司的能源消耗。
　　**——減少由於大量商務旅行（特別是跨國商務旅行）帶來的航
　　空燃油需求和二氧化碳排放量。**

　　我的預期是，一些公司將吸取減少能源消耗的經驗，繼續實施
相關政策。而對於投資者來說，這一經歷可能告訴他們：如果在這
方面做出努力，就可以大幅度減少碳排放量。

　　但是，即使企業能夠完全恢復到新冠肺炎疫情爆發之前的營運
水準，我仍然預期，隨著時間的發展，投資者環境倡議的數量將會
增加；無論如何，我也仍然預期，永續性發展和氣候變化仍然會是
人們首要考慮的問題。

　　與其他領域一樣，新冠肺炎疫情讓人看出 ESG 和永續性發展具
有一種潛力，一種能夠真正減少能源消耗和溫室氣體排放量的潛力。

18

未來的新創公司

面臨融資危機的新創公司

近年來，新創公司數量激增，但現在，因為新冠肺炎疫情爆發，新創公司的未來面臨著危機。

這些問題與危機來自新創公司的融資方式、經營方式以及它們相對較小的規模。

首先，新創公司通常是由人稱「天使投資者」的富人私下投資。但是，即使是富有的投資者也會受到股市下跌和金融市場風險增加的影響。事實上，與普通人相比，他們對市場走勢更加敏感。因此，隨著最近股市下跌的走向和未來經濟的不確定性，投資者可能會放緩投資。

除了由其他市場動態的連鎖反應帶來的資金損失風險外，投資者還可能在未來經濟不明朗時改變投資方式。這可能會對企圖快速成長的新創公司產生不利影響。

關於新創公司有很多笑話。比如在電視喜劇《矽谷群瞎傳》（Silicon Valley）中就嘲諷新創公司：虧損越多，就越有價值。作為一名前天使投資者和在一家初創金融科技（FinTech）公司中短期任職的高階主管，我可以說，這種說法不負責任且令人憤怒。

任何具有金融背景的人都知道，這種說法本末倒置。但這並不僅僅是困擾著私人投資的問題，說到底，「賠得越多價值就越高」這種說法還是有一定事實根據的；如果我們看看在「金融市場的未來」這一章中的 IPO 資料，這一點似乎不難理解。

但是現在，公開市場中的投資者通常將公司資產負債表中的現金，和公司正現金流視為公司健康與具有價值的標誌。而許多新創公司的情況卻正好相反，這就意味著，如果還持續負現金流和淨虧損，公司將無法維持。

成長優先於盈利是一種即將過時的商業經營方式。隨著人們心

目中的優先順序從成長轉向現金流，這就意味著，最近五年新創的公司將面臨著大麻煩。

那些以虧損來增加公司價值，而且資金源即將枯竭的公司很快就會發現，它們的商業模式即將面臨重新評估的局面。同時，它們還要考慮另外一個嚴重問題，許多新創公司很可能沒有資格獲得《新冠病毒援助、救濟和經濟安全法案》提供的援助資金。

很多新創公司只靠著一張又一張籌款支票「續命」，這使得它們沒有資格獲得美國小企業管理局（Small Business Administration，簡稱 SBA）頒發的援助貸款，而這批貸款是 2.3 萬億《新冠病毒援助、救濟和經濟安全法案》中的一部分。

換言之，這些公司的錢要花光了，政府的援助資金也不太可能提供給以這種方式經營的公司。

當然，也會有例外。

醫療技術（MedTech）、教育科技（EdTech）、電子商務和國家安全領域的新創公司很有可能度過這一動盪時期。在這種情況下，它們在特殊時期解決關鍵問題的能力仍然能夠吸引資本。

但是，這些公司也需要支付員工工資，不幸的是，它們也並非都有這個能力。所以，即便是關鍵行業的新創公司也可能會破產。

影響與預期

至少在未來一年的時間裡，新創公司在籌集資金方面很可能會非常艱難，更別說那些虧損巨大且現金流很小的公司。這會讓無數新創公司倒閉，讓整個創業生態系統元氣大傷，就像我的故鄉奧斯丁那樣。

在今後整整十年間，我們都將感受到這種影響。

展望這一經濟週期之後的情景，似乎在很長一段時間裡，新創公司的前景都將黯淡無光。

但這也許不是一件壞事。

從商業的角度看，你需要的是那些能夠盈利的公司。選擇成長而非利潤終究是一個錯誤，因為在將來，利潤和現金流的重要性可能會超過成長。

當然，這可能會阻礙某些新的發展，也確實是一個負面影響，代價可能極大。但是，投資者更看重利潤，這樣的變化也會帶來更健全的金融商業模式。

在短期以及可預見的將來，新創公司需要在財務上更加穩健。

即使在新冠肺炎疫情過去，股市上漲、經濟復甦之後，我們可能發現，虧損的企業將輸給那些能夠迅速盈利的企業。

情況本該如此，而現在更有可能這樣。

19

經濟衰退

二十年的陰影

　　我之所以是一名經濟學家，是因為我在 2001 年的經濟衰退中吃過虧。

　　那時對經濟的無知，讓我處境維艱。

　　現在，差不多 20 年過去了，我成為一位經濟學家和金融未來學家，幾乎把工作時間都用在分析周圍的金融系統上，以及那些可能影響這個世界的趨勢上。

　　當我想起 2001 年的經濟衰退在我的生活中產生的影響時，不由地讓我思考：2020 年由新冠肺炎疫情引發的經濟衰退又會給未來帶來怎樣的影響呢？我預期，這將讓更多人選擇加入不受經濟衰退影響的行業，如醫療保健業。

　　但在深入探討重要內容之前，我先講一個自己的故事。

我「第二愚蠢」的想法

　　那是 1999 年一個明朗的春日，在維吉尼亞大學（University of Virginia）上完一堂經濟學後，我從教室裡走出來，站在陽光下，站在美麗而歷史悠久的校園中心「The Lawn」廣場[1]上，宇宙中的一切似乎都是那麼和諧。

　　我即將畢業，並得到去北卡羅萊納大學教堂山分校（University of North Carolina at Chapel Hill）攻讀德語碩士學位的機會，得以享受全額獎學金，包括學費、醫療保險、生活費……對於一個研究生來說，這是一筆巨款。

[1]　「The Lawn」廣場：設計者為維吉尼亞大學創建者、美國總統湯瑪斯‧傑弗遜（Thomas Jefferson），周圍是學術村，這是本書作者譯注。

但另一方面，和我讀類似學位的朋友都在大學一畢業就找到年薪六位數的諮詢工作。那是網際網路蓬勃發展的時代，有著美國歷史上最好的就業市場；我知道，只要我願意，我也能立即就在私人企業中輕而易舉地找到一份好工作。

當時，面對這兩個絕佳機會，我不確定該選擇哪一個。不過，我喜歡念書，想多學點東西，所以更傾向讀研究所。如果現在經濟正在高速發展，想想再過幾年它會變多好！等到那時，我會有一個碩士學位，所以可以賺更多錢！

那是我出生以來第二愚蠢的想法。我並沒有像經濟學家那樣思考，沒有考慮經濟週期，即衰退必將在繁榮之後到來，完全沒有考慮到經濟會如何打擊人。

當然，我那時還不是個經濟學家。

就這樣，我去讀研究所並拿到了碩士學位，於 2001 年春季進入就業市場。哦，兩年的差別太大了！

那些在 2000 年秋天還在提供 1 萬美元、1.5 萬美元甚至 2.5 萬美元等高額簽約獎金的公司，現在卻在裁人，好像它們如今已經「過時」了。

有些人儘管在 1999 年或者 2000 年找到工作，隨後卻接到通知延遲一兩年上班，更多人最後就沒有去工作了，因為他們再也沒有收到通知。

「如果現在情況不錯，那明天肯定會更好！」—— 這種想法真的非常愚蠢。

這是我成為經濟學家之前學到的一課，而且我也經常把這有關經濟的重要理念，分享給那些不是經濟學家的朋友。

而我有過最愚蠢的想法是：「牛市永遠不會變成熊市。」

那是 1997 年 7 月 12 日，在西班牙潘普洛納（Pamplona）發生的故事。

當說到在經濟衰退中求生存與發展時，很多人都會有一些愚蠢的想法，比如「牛市永遠不會變成熊市」。

我已經告訴大家其中一個愚蠢想法：「如果經濟正在高速發展，想想再過幾年它會有多好！」

這裡還有一些其他的：

「我不需要在工作的公司之外建立人脈。在 ABC 公司 [1]，我總會有工作的。」

「我是這行的專家，為什麼還需要培訓？誰也不能取代我。」

「我的公司正在裁員，但這沒什麼，我是無法取代的；我還是待在公司裡，等到經濟衰退期過去吧。」

可悲的是，抱有這種態度，以及許多有這種態度但自己沒意識到的人，在即將來臨的經濟衰退中可能無法安然度過。

他們很可能會遭受重創。

重要的是讓自己擁有選擇權。經濟衰退讓人別無選擇，這時你更需要新的選擇。只有這樣，才能夠將個人損失降到最低。

或許，你也可以像我一樣，把經濟衰退視作一個改變機會，接受更多的培訓，讓自己對公司來說更有價值，或者創業。

新冠肺炎疫情對未來20年的影響

我們在思考經濟衰退和職業規畫時，很重要的一點是，為自己創造更多的選擇。

[1] ABC 公司：泛指某某公司。——譯者注

　　2001 年的經濟衰退對我的職業發展具有深遠影響，而現在類似的事情正在發生：這一代年輕人將親身經歷這場由新冠肺炎疫情引發的經濟衰退，並在當中努力為自己創造更多選擇。

　　在 2001 年的科技泡沫之後，我成為了經濟學家，但此次新冠肺炎疫情引發的經濟衰退，似乎會讓更多人選擇從事醫療保健或者遠端工作 —— 或至少可以遠端辦公的崗位。

未來的經濟衰退

　　我們在未來很可能會見證持續不斷的經濟衰退，周而復始。說到底，經濟之所以週期循環不是沒有原因的。

MEMO

20

權衡影響

危機中的轉機

　　新冠肺炎疫情這場人間悲劇規模浩大，造成的生命損失、帶來的疾苦、使人類遭受的經濟損失和其他影響，很可能是「災難」二字無法概括的。

　　或許，我們現在只看到了它對所有行業，對整個經濟領域造成的負面影響，我們也能想像這種影響將在今後持續多年。但是，在這場危機與悲劇中，我們也應當看到，它可能會讓公共衛生、經濟和社會整體出現某種進步。

　　當然，當我們在黑暗時刻尋找光明時，我們必須明白，如果疫情沒有發生，所有這一切，包括醫藥、經濟、社會和個人，顯然都已經很好了。

　　但疫情終究發生了。

　　而我們還處於疫情之中。

未來的可能影響

　　在心中牢記這些損失、風險，牢記這些代價之後，我們應該承認，新冠肺炎疫情對未來的潛在影響中還是有一些積極因素的。

　　遠端工作的增加將對人們的工作與生活方式帶來實質性影響。一直以來，遠端工作都是呈逐步增加的趨勢，但新冠肺炎疫情進一步讓它大幅度增長。

　　線上教育的普及對人們的職業與生活帶來實質性影響，包括他們的學習專業與職業的選擇，以及未來的收入。接受高等教育並取得學位與畢業證書的人數可能會增加；在家自學人數也很可能增加，這將幫助一些過去不曾考慮自學或接受線上教育的學習者，取得更好的成績。

　　對衛生保健的重視程度很可能也會再提高。新冠肺炎疫情發生

之後，人們的職業選擇、投資方式以及政府政策的變化可能會促進公共衛生領域的總體改善；學習醫藥和醫療保健課程的人數可能會增加。而且，美國的醫療供應鏈有望因此加強和保障，以避免未來醫療設備和 PPE 出現短缺的情況。此外，我們或許會發現，因為新冠肺炎疫情，人們對自己的健康狀況更加關注，這一點可能會延續下去。

由於經濟放緩、遠端辦公的增加和保持社交距離的新規範，汽油用量減少了，在一段時間內可能會出現**較低的能源消耗量和溫室氣體排放量**。這一點也會對企業如何看待與實施永續性戰略產生深遠的影響。

至於不利的方面：無數產業將與從前不同了，比如旅遊業。因新冠肺炎疫情的影響，這些行業的收益可能在今後許多年都不容樂觀。保持社交距離的新規範也會對該行業造成長期影響。

當然，從長期來看，最大的負面影響可能是國家進一步擴大財政赤字，增加國債。我們的經濟正逐步向「量子態」逼近，在這種情況下，聯準會擁有一切，但同時也一無所有。

雖然，對於公共衛生、教育和經濟而言，這是一個轉捩點，我們也能從中發現一些潛在的正面影響。

但最終，我們將為這些潛在好處付出過分昂貴的代價。失去生命、遭受苦難、醫療衛生系統緊繃、各地區與各行業遭受經濟摧殘、國債增加和中央銀行更多承付款項……這些都再真實不過了。

結語：現在該怎麼辦？

我寫這本書的主要目的，是想和大家分享一些我對新冠肺炎疫情可能帶來並產生長期影響與潛在變化的看法。

我列了一些極有可能發生的潛在影響，我也試圖將重點集中在一些具有長期影響、迄今未有答案卻極為重要的問題上。當然，新冠肺炎疫情的形勢正在迅速發展變化，這本書中提及的許多問題也許會以出人意料的速度劇烈變化，也可能會根據具體形勢在某種程度上得到化解。

然而，有一件事似乎是確定的：許多企業或是個人、許多行業，甚至是整個社會經濟都將受到嚴重影響 —— 既有負面的，也有正面的。新冠肺炎疫情將在工作方式和教育方式、供應鏈（改善食物和紙製品等關鍵性物資的短缺情況），以及衛生保健（獲得更高品質的醫療保健）等方面產生長期積極影響。但同時，我們也將付出昂貴的代價。

未來充滿不確定，因此，找出最具潛力的長期發展趨勢，以便從容應對複雜變化非常重要；同時，也需要充分考慮那些會對你的未來產生影響的風險和槓桿變化。

我希望這本書幫助你達到這些目的。

當前最重要的事情，是盡力讓你自己和你所愛的人遠離傷害。衛生保健專家和公共衛生政策領導人反覆強調「保持社交距離」的重要性。

這場危機終將過去。

而當危機過去後，為新冠肺炎疫情帶來的長期潛在影響制定好計畫十分重要。這包括我們可能需要繼續堅持一些在疫情期間實施

的臨時適應性措施。

　　另外，為二級和三級金融市場以及經濟影響做好準備更是至關重要。

　　經濟復甦總會到來。如果你找到了在這場悲劇之後能夠幫助您組織的方法，或者找到適應及重塑職業生涯的方法，您或許能更快復原。

　　祝您好運！多加保重！

傑森・申克

2020 年 4 月

關於作者

　　傑森‧申克先生是威望經濟公司的總裁和未來主義研究所的所長，被譽為世界上最準確的金融預言家和未來學家之一。彭博新聞社（Bloomberg News）稱他為 43 個項目的頂級預言家，在其中 25 個專案方面名列世界第一，包括對歐元、英鎊、盧布、人民幣、原油價格、天然氣價格、黃金價格、工業金屬價格、農產品價格和美國就業狀況等的預測。

　　2018 年，申克先生被投資百科（Investopedia）評為全世界最有影響力的 100 位金融顧問之一。《華爾街日報》（The Wall Street Journal）、《紐約時報》（The New York Times）和《法蘭克福匯報》（Frankfurter Allgemeine Zeitung）曾對他的著作做過專題介紹。他也曾接受過美國消費者新聞與商業頻道（CNBC）、美國有線電視新聞網（CNN）、美國廣播公司（ABC）、美國全國廣播公司（NBC）、微軟全國廣播公司（MSNBC）、福斯（Fox）、福斯商業頻道（Fox Business）、彭博社德國分公司（Bloomberg Germany）、英國廣播公司（BBC）等的採訪。申克先生曾擔任彭博電視臺（Bloomberg Television）的客座主持人，是《彭博新聞》「彭博‧觀點」（Bloomberg Opinion）專欄的作家。

　　申克先生經常出席石油輸出國組織（OPEC）和聯準會舉辦的相關活動，而且曾給私人公司、公開上市公司，甚至是產業集群，包括聯準會提供關鍵諮詢服務。他曾就就業、區塊鏈、比特幣、加密貨幣、量子計算、數據分析、趨勢預測、假新聞的未來向北約（NATO）和美國政府提供建議。申克先生目前共撰寫 22 本書，其中 11 本名列暢銷書榜首，包括《機器人的工作》

（Jobs for Robots）、《量子：新穎計算》（Quantum: Computing Nouveau）、《商品價格 101》（Commodity Prices 101）、《抗經濟衰退》（Recession-Proof）、《無懼未來的供應鏈》（Futureproof Supply Chain）、《選舉衰退》（Electing Recession）、《金融的未來是現在》（The Future of Finance is Now）、《能源的未來》（The Future of Energy）、《「垃圾箱大火」選舉》（The Dumpster Fire Election），和 2018 年與 2020 年的《機器人與自動化年鑑》（The Robot and Automation Almanac）。申克先生也寫了《區塊鏈的承諾》（The Promise of Blockchain）、《數據迷霧》（The Fog of Data）、《讓機器人無法替代自己》（Robot-Proof Yourself）、《控制金融風險要訣》（Financial Risk Management Fundamentals）、《中期經濟》（Midterm Economics）、《尖峰：增長暴擊領導層》（Spikes: Growth Hacking Leadership）、《讀懂經濟茶葉預測術》（Reading the Economic Tea Leaves）和《做切紙機，莫做碎紙》（Be the Shredder, Not the Shred）。在《餘震》（After Shock）這本書中，申克先生被推崇為世界頂級未來學家之一。

作為威望經濟公司的總裁，申克先生主要為高階主管、產業集團、機構投資者和央行提供諮詢建議。他也於 2016 年 10 月創辦未來主義研究所，並為其建立嚴謹的研究課題，其中包括未來的工作、交通、數據、財政金融、未來主義基礎，以及能源、領導力、醫療保健和量子計算。申克先生也是領英學習（LinkedIn Learning）上「公司財政風險管理」、「審計和盡職調查」、「無懼衰退的策略」這三個課程的老師，也是每週系列課程「經濟指標」的老師。之後，他會就商業與財政領導力等內容開辦三個領英學習課程。

申克先生擁有北卡羅萊納大學格林斯伯勒校區（UNC Greensboro）的「應用經濟學」碩士學位，加利福尼亞州立大學多明格茲崗分校（CSU Dominguez Hills）的「談判、解決衝突與和平建設」碩士學位，北卡羅萊納大學教堂山分校（UNC Chapel Hill）的「德國語言與文學」碩士學位，以及維吉尼亞大學（The University of Virginia）的「歷史與德語」學士學位。他也擁有麻省理工學院（MIT）的金融科技學證書、供應鏈管理學證書，北卡羅萊納大學（UNC）的職業發展學證書，哈佛大學法學院（Harvard Law School）的談判學證書，卡內基梅隆大學（Carnegie Mellon University）的網路安全學證書，以及休士頓大學（University of Houston）的戰略預測學專業證書。申克先生是經過認證的特許市場技術分析師（CMT）、能源風險專家（ERP）和國際金融理財師（CFP），同時也是經過認證的未來學家和遠期分析師，擁有遠期分析師證書。

在創建威望經濟公司之前，申克先生在麥肯錫公司（McKinsey and Company）擔任風險專家，為貿易、經濟風險和六大洲商品項目團隊提供內容指導。在加入麥肯錫公司之前，申克先生是美聯銀行（Wachovia）的首席能源經濟顧問與商品經濟顧問，該銀行後來被富國銀行（Wells Fargo）收購。申克先生常住奧斯丁，他現在是無黨派組織德克薩斯州商業領導委員會（Texas Business Leadership Council）的 100 名首席執行官之一，該組織旨在為德克薩斯州的民選領導人提供聯邦與州層面的一些諮詢與建議。申克先生是美國全國企業董事聯合會（National Association of Corporate Directors）的執行董事之一。他也是許多公司的董事會成員，而且是德克薩斯州著名的無黨派領導團體德克薩斯學園（The Texas Lyceum）執行委員會的財務副總裁。

聲明

以下免責聲明適用於本書的任何內容：

本書只是對一般資訊進行介紹，而非投資建議。傑森‧申克不對任何具體的或一般的投資項目、投資類型、資產類別、非常規市場、特定股票、債券或者其他任何投資手段做任何推薦。傑森‧申克不對本書的分析和陳述內容的完整性或者準確性做出任何保證，也不對任何人或者實體因為信賴這些資訊而可能招致的任何損失負責。書中的觀點、預測和資訊可能會發生變化，傑森‧申克不負責在這種情況發生時通知讀者。本書只是一份市場評論，只能作為一般資訊使用。書中不包括投資建議。

MEMO

MEMO

MEMO

MEMO

MEMO

MEMO

後疫情時代的未來/傑森.申克(Jason Schenker)著；李永學等譯.
-- 初版. -- 臺北市：笛藤出版, 2021.05
　　面；　公分
譯自：The future after Covid
ISBN 978-957-710-820-3(平裝)

1.未來社會 2.危機管理

541.49　　　　　　　　　　　　　110007711

後疫情時代的未來 THE FUTURE AFTER COVID

2021年6月23日　初版第1刷　定價340元

著　　　者	傑森・申克
譯　　　者	李永學 等
編 輯 協 力	袁若喬、斐然有限公司
美 術 設 計	王舒玗
總 編 輯	賴巧凌
編 輯 企 劃	笛藤出版
發 行 所	八方出版股份有限公司
發 行 人	林建仲
地　　　址	台北市中山區長安東路二段171號3樓3室
電　　　話	(02) 2777-3682
傳　　　真	(02) 2777-3672
總 經 銷	聯合發行股份有限公司
地　　　址	新北市新店區寶橋路235巷6弄6號2樓
電　　　話	(02)2917-8022・(02)2917-8042
製 版 廠	造極彩色印刷製版股份有限公司
地　　　址	新北市中和區中山路二段380巷7號1樓
電　　　話	(02)2240-0333・(02)2248-3904
印 刷 廠	皇甫彩藝印刷股份有限公司
地　　　址	新北市中和區中正路988巷10號
電　　　話	(02)3234-5871
郵 撥 帳 戶	八方出版股份有限公司
郵 撥 帳 號	19809050